Präsentieren mit Persönlichkeit

Wolfgang Rosenkranz

Präsentieren mit Persönlichkeit

Menschen gewinnen und Ergebnisse erzielen

EDITION CONNEX
Wirtschaftsliteratur

Inhalt

Vorwort des Herausgebers

Was hat uns dazu veranlasst, eine Buchreihe zu den wichtigen Themen des beruflichen Alltags herauszugeben? Und: Was unterscheidet dieses Buch von den vielen anderen, die es zum Thema »Präsentieren« auf dem Markt bereits gibt?

Mehr als 20 Jahre begleiten wir unsere Auftraggeber bei gewollten und ungewollten Veränderungen. Ein immer schnellerer Wandel der Rahmenbedingungen verunsichert viele Menschen und wirft zusätzliche Fragen auf. Parallel dazu fällt häufig ein Verlust von Werten.

Gerade solche ethischen Werte wie Glaubwürdigkeit, Authentizität, Verlässlichkeit und eine langfristig am Menschen orientierte Partnerschaft stehen für uns im Vordergrund. Dafür setzen wir von TEAM CONNEX uns mit Begeisterung ein. So helfen wir unseren Auftraggebern dabei, ihre unternehmerischen und persönlichen Ziele zu erreichen.

An wen richten sich unsere Bücher?

Die Edition CONNEX ist als Praxishilfe für beruflich geforderte Menschen gedacht. Unser Ziel ist es, sie bei der Bewältigung der unterschiedlichen Herausforderungen durch konkrete Tipps und Hinweise zu unterstützen. Praxisrelevanz und direkte Umsetzbarkeit gehen uns dabei vor Theoriediskussion.

Gerne lassen wir Sie an unserer praktischen Erfahrung teilhaben. Die Informationsaufnahme wird Ihnen dabei so leicht und angenehm wie möglich gemacht. Die gewählte Kombination von Wort und Bild spricht Sie ganzheitlich an. Checklisten und Handlungsvorschläge erleichtern Ihnen die Umsetzung in Ihren Alltag.

Lassen Sie sich inspirieren! Viel Spaß beim Lesen.
Wolfgang Rosenkranz

TEAM CONNEX AG, Maurener Weg 70, 71034 Böblingen
Telefon: (070 31) 27 03-11, Telefax: (070 31) 27 90-88
www.teamconnex.com

Kapitel 1

Erfolgreich präsentieren – wie geht das?

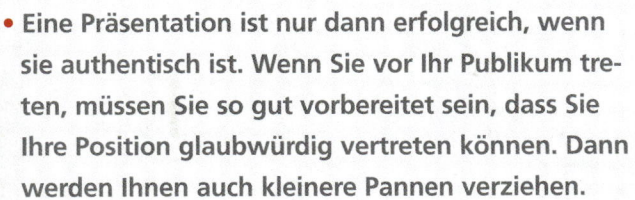

- Eine Präsentation ist nur dann erfolgreich, wenn sie authentisch ist. Wenn Sie vor Ihr Publikum treten, müssen Sie so gut vorbereitet sein, dass Sie Ihre Position glaubwürdig vertreten können. Dann werden Ihnen auch kleinere Pannen verziehen.

- Halten Sie sich vor Augen, dass Sie vor Menschen stehen – vor Menschen mit unterschiedlichen Haltungen und Präferenzen. Stimmen Sie Ihre Argumentation auf Ihre Zuhörer ab.

- Das H.D.I.®-Modell hilft Ihnen, die Denkweisen anderer besser zu verstehen. Sie können anhand dessen vier Denk- und Verhaltenspräferenzen unterscheiden.

Erfolgreich präsentieren – wie geht das?

Es gibt Persönlichkeiten, die treten vor eine Gruppe erwartungsvoller Menschen, beginnen ihre Präsentation oder Moderation – und sofort springt ein Funke zum Publikum über. Dabei ist es egal, ob die Gruppe aus 5 oder aus 500 Personen besteht. Auch wie lange die Präsentation dauert oder um welches Thema es geht, ist dabei sekundär.

Manche haben ein Naturtalent für Präsentationen, doch fast alles lässt sich auch erlernen.

Anderen Präsentatoren ist schon auf dem Weg vor das Publikum eine zögerliche Haltung anzusehen. Bereits die ersten Worte werden von den Zuhörern mit einer spürbaren Skepsis aufgenommen, und alle sind froh, wenn die Präsentation schnell vorbei ist – allen voran der Präsentator!

Die meisten Präsentationen laufen zwischen diesen beiden Extremen ab. Mit anderen Worten: *sie könnten besser sein!* Doch wie? Wie verbessern Sie Ihre eigene Präsentation oder Moderation? An welchen »Stellschrauben« und »Knöpfen« können Sie drehen?

Persönlichkeit überzeugt

Wenn Sie dieser Frage nachgehen, erhalten Sie schnell eine Antwort. Denn das Publikum ist sich in der Regel einig: Die beste Präsentation ist die, bei der der Vortragende »Persönlichkeit« zeigt. Wenn er als Mensch vor Menschen tritt und eine Position vertritt, hinter der er mit seiner ganzen Person steht.

Authentizität und Glaubwürdigkeit sind Zwillingsschwestern.

Natürlich wird der Gesamteindruck einer Präsentation auch von anderen Aspekten geprägt. Eine gelungene Multimedia-Präsentation mit Beamer kann sehr beeindrucken. Auch gute Modelle, großformatige und aufwendig gestaltete Charts oder mit Sorgfalt und Überlegung entworfene Plakate hinterlassen einen positiven Eindruck.

Perfektion erzeugt Aggression

Andererseits sind die perfektionistischen Präsentationen, bei denen jedes Detail ausgeklügelt wurde, beim Publikum oft gar nicht so beliebt. Wenn die Perfektion überhand nimmt, leidet die Persönlichkeit. Ein starker Präsentator achtet zwar auch auf Details, ordnet sich ihnen aber nicht zwingend unter. Kleine Fehler und eigene Schwächen sind für ihn kein Drama, sondern ein Zeichen dafür, dass hier ein Mensch präsentiert und keine Maschine.

Erfolgreiche Personen, die mit sehr viel Engagement und Überzeugung in eine Präsentation oder Moderation gehen, erlauben sich häufig sogar Dinge, die in keinem Lehrbuch stehen. Ihrer Beliebtheit und ihrem Erfolg tut das keinen Abbruch – im Gegenteil!

Daraus lässt sich der Schluss ziehen: Nur der Kontext bestimmt, was »richtig« und »nicht richtig« ist. Je kontextbezogener und authentischer die Präsentation ist, desto besser kommt sie beim Publikum an.

Präsentationen und Moderationen haben in erster Linie mit Menschen zu tun – erst in zweiter Linie mit unbelebten Dingen wie Medien, Redemanuskript oder Pinnwandkarten. Dennoch ist es keine gute Idee, völlig unbedacht vor das Publikum zu treten und nur sich selbst zu präsentieren.

Das Medium ist die Message.

Das Beherrschen der grundlegenden Fertigkeiten des Präsentierens führt noch nicht zwangsläufig zum Erfolg. Aber das Nicht-Beherrschen führt fast immer zum Misserfolg. Ein Versagen der Technik kann selbst erfahrene Vortragende zur Verzweiflung bringen. Und ein erster positiver Eindruck kann durch schlechte Folien oder schlecht lesbare Handschrift am Flipchart nachhaltig gestört werden.

> Für Präsentatoren und Moderatoren gilt wie im richtigen Leben:
> Dass ihre Kleidung zu 99% tadellos ist, sieht niemand. Aber den
> Fleck auf dem Hemd, der nur 1% ihres Äußeren ausmacht, den
> sieht jeder.

Erfolg ist zu 90% Transpiration und nur zu 10% Inspiration

In einem können Sie sicher sein: Vor jeder erfolgreichen Präsentation liegt ein langer und arbeitsreicher Weg. Die beeindruckendsten Präsentationen wurden Schritt für Schritt erlernt und erarbeitet. Manchmal benötigte der Lernende Rückschläge und Irrwege. Wie so oft gilt auch hier: Es ist noch kein Meister vom Himmel gefallen!

Gehen Sie also Schritt für Schritt durch die »Lehrzeit«. Schauen Sie sich im Detail an, welche Erfolgsfaktoren es bei Präsentationen gibt und wie Sie sie positiv einsetzen.

Ziel ist dabei nicht, die »perfekte Präsentation« zu »lernen« – sondern Sie, den Leser, in Ihrer ganz persönlichen Art dabei zu unterstützen, besser zu präsentieren und zu moderieren.

Ziel: persönliche Ressourcen optimal nützen

Individuen sind immer auf ganz unterschiedliche Arten erfolgreich. Kein Spitzensportler kopiert lediglich die Technik eines anderen, kein Politiker von Weltrang ahmt bloß seine Vorgänger nach. Daher gilt: Vorsicht vor Patentrezepten für Präsentationen. Wenn Sie den Weg nachgehen, den andere Ihnen aufzeigen, kommen Sie schnell voran – doch Sie enden auch schnell in einer Sackgasse.

Wer in die Fußstapfen anderer tritt, hinterlässt keine eigenen Spuren
Wilhelm Busch

12

Langfristiger Erfolg erfordert kontinuierliche Arbeit. Gehen Sie Ihren eigenen Weg. Den für Sie richtigen Weg kann Ihnen niemand zeigen, den müssen Sie – bei aller Hilfestellung, die Ihnen dieses Buch geben will – alleine finden.

Es gibt keine Erfolgsgarantien beim Thema Präsentation – ebenso wenig wie in allen Bereichen des Lebens. Es gibt jedoch eine ganze Reihe von Hypothesen zum erfolgreichen Präsentieren. »Hypothese« heißt in diesem Zusammenhang: Ein bestimmtes Verhalten X in der Präsentation wird mit hoher Wahrscheinlichkeit zum Ergebnis Y führen – auch wenn es kein allgemeines Gesetz dafür gibt.

Hypothesen für eine erfolgreiche Präsentation

1. Sprechen Sie in kurzen Sätzen.
2. Die Aufmerksamkeit ist am Anfang und am Ende einer Präsentation am größten.
3. Mit Visualisierung werden Informationen besser verstanden.
4. Eine saubere und klare Visualisierung erleichtert die Informationsaufnahme.
5. Wenn Sie die Interessenlage und die Entscheidungsstruktur Ihrer Zuhörer positiv ansprechen, steigt die Chance, dass man Ihnen folgt.

In diesem Buch werden Ihnen viele solcher Hypothesen begegnen. Sie gehen oft auf wissenschaftliche Untersuchungen zurück und haben sich in der Praxis hervorragend bewährt. Garantien für den Erfolg sind sie jedoch nicht.

Die einzige Erfolgsgarantie ist die gute Vorbereitung.

Auf das Publikum eingehen – Menschen gewinnen

Es gibt Präsentationen, bei denen Sie scheinbar alles richtig gemacht haben – und dennoch bleibt der Erfolg aus. Vielleicht haben Sie, ohne es zu ahnen, eine Bemerkung fallen lassen, die vor diesem Publikum tabu war. Vielleicht hing die Entscheidung über den Erfolg Ihrer Präsentation von nur einer Person ab – und gerade der gefiel Ihre Krawatte nicht.

> **Das Gefühl entscheidet, die Ratio begründet.**

In andere Präsentationen dagegen sind Sie vielleicht schlecht vorbereitet »hineingestolpert« und alles hat geklappt. Die äußeren Umstände spielen eben immer mit, und die lassen sich nicht erzwingen. Sie lassen sich aber positiv beeinflussen! Dieser positive Einfluss, der Ihre Präsentation Schritt für Schritt erfolgreicher machen wird, lässt sich lernen. Und das ist eine Hypothese mit sehr hoher Erfolgswahrscheinlichkeit!

Ihr Publikum besteht aus Individuen

Der vielleicht wichtigste Punkt bei Ihrer Präsentation oder Moderation ist es, sich immer wieder klar zu machen, dass Sie vor Menschen stehen. Vor Menschen mit ganz unterschiedlichen Charakteren, Vorlieben, Haltungen und Neigungen.

In Friesland gibt es ein Sprichwort: »Wat dem einen sin Uhl, is dem annern sin Nachtigall.« Was für den einen wie das schaurige Geheul einer Eule klingt, ist für den anderen die himmlische Melodie einer Nachtigall.

Wie kann es Ihnen gelingen, für die unterschiedlichen Vorlieben in der Präsentation oder Moderation das Richtige anzubieten? Wie kann denn überhaupt die Verständigung zustande kommen, wenn Ihr Geschmack vielleicht ganz anders ist als der Ihres Publikums?

Keine Sorge – das funktioniert, und es ist gar nicht so schwer. Das Leben führt uns vor Augen, dass wir mit Menschen gut klar kommen können. Und gerade gegensätzliche Charaktere scheinen sich oft anzuziehen!

Der Köder muss dem »Löwen«, nicht dem »Jäger« schmecken.

Mein charakterlicher »Gegenpol« ist ein Kollege von mir, sogar mein Lieblingskollege: Horst. Vor ein paar Jahren hatten Horst und ich die Idee, gemeinsam mit unseren Motorrädern in Urlaub zu fahren. »In Urlaub fahren« heißt für mich: So wenig Entscheidungen treffen wie möglich. Auf Planung möglichst verzichten, nur das tun, was der Augenblick empfiehlt.

Horst sieht das völlig anders! Für ihn ist im Urlaub optimale Planung entscheidend. Jedes Detail ist wichtig: Welche Route muss man wählen, um die längstmögliche Strecke zu bewältigen? Wie lässt sich das mit den wenigsten Tankstopps erreichen, um Zeitverlust zu vermeiden? Die Pläne dazu hat Horst schon Wochen vor dem Reisebeginn fertig und gedanklich auf Millimeterpapier dokumentiert.

Sie werden vermutlich denken, dass da zwei sonderbare Freunde auf Reisen gehen, die sich bestimmt ständig streiten. Es mag so aussehen, doch genau das Gegenteil ist der Fall. Denn der Urlaub gibt uns beiden, was wir brauchen. Ernsthaften Streit kennen wir nicht. Denn mir ist es egal, wie die nächste Strecke verläuft. Und Horst kann völlig ungestört und nach Herzenslust seine Planungsleidenschaft ausleben.

Doch eine Voraussetzung für unser Verständnis gibt es: Toleranz. Keiner von uns versucht, den anderen von seinen eigenen Ansichten zu überzeugen. Wir lassen uns beide so, wie wir sind. Wie wichtig das ist, zeigt sich dann, wenn es zu Schwierigkeiten und Pannen kommt. Einmal hatte Horst den Durchschnittsverbrauch und den Tankinhalt meines Motorrads falsch berechnet. Die Folge: Ich stand 15 Kilometer vor der nächsten Tankstelle ohne Benzin im Regen. Was haben wir gemacht? Wir haben beide herzlich darüber gelacht!

Entscheidend: Ihre Grundhaltung

Die Botschaft aus dieser Geschichte für Ihre Präsentation: Nehmen Sie Ihr Publikum (und am besten alle Menschen) so, wie sie sind. Es gibt keine anderen und vor allem keine besseren. Und vor allem sind sie so, wie wir über sie denken. Für eine erfolgreiche Präsentation sollten Sie Ihr Publikum ernst nehmen und respektieren und sich auf die unterschiedlichen Menschen positiv einstimmen. Denn um Ihre Ziele zu erreichen, müssen Sie auf Ihr gesamtes Publikum positiv wirken, nicht nur auf einzelne Personen.

Dabei hilft Ihnen das H.D.I.®-Modell®. Es beschäftigt sich mit unterschiedlichen menschlichen Denk- und Verhaltensweisen und mit der Einmaligkeit von Personen, nicht aber mit »richtig« oder »falsch«.

Um das Publikum überzeugen zu können, muss man es zunächst akzeptieren.

Unterschiedliche Persönlichkeiten – mit dem H.D.I.®-Modell erkennen

In Ihrem Präsentationsalltag stehen Sie vor Gruppen, die aus ganz unterschiedlichen Individuen zusammengesetzt sind. Ideal wäre es, jeden Teilnehmer einzeln zu betrachten und ganz individuell auf ihn einzugehen. In der Praxis ist das natürlich nicht möglich. Und es ist auch gar nicht notwendig. Denn Menschen lassen sich bestimmten Typen zuordnen.

Wenn Sie das nächste Mal im Berufsverkehr eine U-Bahn oder ein anderes öffentliches Verkehrsmittel benutzen, sehen Sie sich Ihre Mitfahrer einmal genau an:

Die Rationalen

Bei manchen Menschen ist alles tipptopp, wie aus dem Ei gepellt. Wenn diese Personen in der Bahn lesen, dann vermutlich eine Fachzeitschrift, vielleicht eine für Ingenieure, Anwälte oder Finanzmanager.

Bleibt die U-Bahn plötzlich aufgrund einer Störung stehen, könnten Menschen dieses Typs folgende Aussagen machen: »Das zeigt wieder einmal, wie unzuverlässig öffentliche Verkehrsmittel sind. Zweifellos könnte man mit geeigneten, regelmäßigen Kontrollen Störungen stark reduzieren. Wenn die Ausfälle statistisch untersucht und gründlich analysiert würden, käme es auch nicht zu solchen Unregelmäßigkeiten.«

Die Kontrollierten

Diese Menschen tragen typische, unauffällige Bürokleidung. Das Zahlenschloss des passenden Diplomatenkoffers ist exakt auf »000« gestellt, damit er nicht versehentlich aufspringt. Die aktuelle Tageszeitung wird studiert, Artikel für Artikel. Und der Weg zur Arbeit führt bestimmt in eine Abteilung, in der es um Planung, Verwaltung oder Buchhaltung geht.

Bei dieser Gruppe ist die erste Reaktion auf ein außerplanmäßiges Stoppen der U-Bahn vermutlich der Blick auf die Uhr: »Jetzt ist es 8:17 Uhr. Wenn die Störung länger als 4 Minuten dauert, verpasse ich den Anschlussbus 113, der um 8:32 Uhr vom Rathausplatz abfährt.«

Die Emotionalen

Eine dritte Gruppe von Menschen in der Bahn hätten für diese Betrachtung gar kein Verständnis, sondern würden eher temperamentvoll reagieren: »Mensch, ich komme zu spät zu meiner Verabredung! Dabei habe ich für das Treffen so viel vorbereitet. Bestimmt müssen meine Gesprächspartner warten. Was kann ich nur tun, um sie mit der Verspätung nicht zu verärgern?«

Auch die Kleidung dieser Menschen ist vermutlich anders: eher salopp, nicht unbedingt modisch. Und wenn Sie den Beruf dieser Mitfahrer raten sollten, würden Sie vielleicht auf Sozialarbeiter, Lehrer oder einen anderen typisch »helfenden« Beruf tippen.

Die Visionären

Ganz locker dagegen werden Menschen einer vierten Gruppe auf die Störung reagieren. Sie spekulieren: »In einigen Jahrzehnten wird es solche Pannen nicht mehr geben. Der gesamte Bereich der Personenbeförderung – Individualverkehr und öffentliche Verkehrsmittel – wird vollkommen neu strukturiert sein. Weltweit müssen wir neue Wege finden, um Menschen zueinander zu bringen.«

Ganz im Einklang mit dieser visionären, phantasievollen Reaktion steht vermutlich auch die Kleidung: Im Trend liegend, aber betont individuell. Eine grelle »Swatch« am Handgelenk, Sakko von »Boss« und dazu eine Jeans von »Armani«. Beruflich lässt sich dieser Typ nicht gerne etwas von anderen vorschreiben. Er ist vielleicht selbst Unternehmer, für die Entwicklung von Strategien zuständig oder künstlerisch tätig.

Natürlich werden Sie in der Realität diesen vier Grundtypen kaum in »Reinkultur« begegnen. Aber finden Sie in dieser Typisierung nicht Menschen aus Ihrem Lebensumfeld wieder?

Die Einteilung in vier Grundtypen – den rationalen, den kontrollierten, den emotionalen, den visionären – mag willkürlich erscheinen. Schließlich sind fast alle Menschen Mischungen aus den geschilderten Extremen. Aber für diese Einteilung spricht ein gewichtiger Grund: Sie spiegelt als Metapher die eigene Denkpräferenz wider.

Entwicklung unseres Gehirns

Biologisch hat sich das Gehirn von höheren Säugetieren (also auch das der Menschen) in zwei Phasen entwickelt. Zunächst bildete sich das limbische System aus. Hier entscheidet sich in Bruchteilen von Sekunden, wie auf einen intensiven Reiz aus der Umwelt reagiert wird: mit Angriff oder mit Flucht.

Auch heute noch ist dieses System bei uns Menschen voll aktiv. Jeder Reiz der Außenwelt passiert unser limbisches System. Deutlich wird dies meist nur in Extremsituationen, wenn Menschen in Panik davonstürzen oder sich Aggressionen nicht mehr kontrollieren lassen.

Doch auch in Alltagssituationen ist das Verhalten von Menschen immer durch das limbische System emotional »eingefärbt«: entweder reagieren wir eher introvertiert und kontrolliert oder eher extrovertiert und »temperamentvoll«.

Über diese Grundfunktion des limbischen Systems hinaus hat sich im Laufe der Evolution bei höheren Säugetieren das Großhirn oder zerebrale System ausgebildet. Vor allem beim Menschen prägt dieser Gehirnteil das Leben ganz entscheidend. Denn mit diesem zerebralen System »denken« wir. Das Feld des Denkens umfasst dabei Logik, Sprache und Begriffe, aber auch Einfälle, Phantasien, Bilder und Vorstellungen.

Die zwei Hemisphären

Die Hirnforschung hat ergeben, dass unser Denken wiederum durch zwei Grundfunktionen des Großhirns bestimmt wird. Wir denken quasi in zwei Hemisphären: einer logischen und analytischen sowie einer intuitiven und bildhaften.

Unser zerebrales System, also das Großhirn, besteht aus zwei symmetrisch aussehenden Hälften, die durch eine Art »Steg« miteinander verbunden sind. Einige Jahre lang nahmen Forscher an, dass alle Funktionen der logisch-analytischen Hemisphäre nur in der linken Gehirnhälfte ihren Sitz hätten, die intuitiv-bildhaften Funktionen dagegen nur in der rechten Gehirnhälfte.

Mittlerweile sind z.B. durch Bild gebende Diagnoseverfahren die »Landkarten« des menschlichen Gehirns viel genauer geworden. Die Unterscheidung von Funktionen in »linkshirnig« und »rechtshirnig« ist einer viel exakteren Lokalisierung einzelner Fähigkeiten gewichen.

Außerdem hat sich gezeigt, dass beim Ausfall bestimmter Gehirnregionen manchmal die Funktionen von anderen Gehirnregionen übernommen werden. Stellen Sie sich also keine konkreten Orte auf der linken oder rechten Seite des Großhirns vor. Wenn von »linker« oder »rechter« Gehirnhälfte die Rede ist, nehmen Sie diese Ausdrucksweise bitte als Bild oder Metapher.

> Dieser Ausflug in das menschliche Gehirn liefert drei wesentliche Erkenntnisse zum Thema »Präsentation«:
>
> - Das Verhalten von Menschen ist durch die Struktur des menschlichen Gehirns bestimmt.
> - Die Funktionen des limbischen und zerebralen Systems (mit »linker« und »rechter« Gehirn-Hemisphäre) sind in jedem Menschen aktiv, aber unterschiedlich stark ausgeprägt.
> - Die unterschiedlich starken Ausprägungen einzelner Bereiche können Sie sich als »Dialekte« des menschlichen Gehirns vorstellen. Nicht jedes Gehirn denkt so wie Ihres! Bei Ihrer Präsentation oder Moderation darf Ihr Publikum natürlich denken, wie es will. Ihre Aufgabe als Präsentator ist es, sich darauf einzustellen.

Das H.D.I.®-Modell

Dabei hilft Ihnen die schnell und einfach zu handhabende Typologie des »Herrmann Dominanz Instruments®«, kurz »H. D. I.®-Modell«. Dieses Instrument wurde von Ned Herrmann um 1970 herum in den USA entwickelt und baut auf den wichtigsten Erkenntnissen der Gehirnforschung auf.

Es beschäftigt sich mit unterschiedlichen Denk- und Verhaltensweisen von Menschen. Im Zentrum steht immer die Einmaligkeit von Personen. Eine Wertung von Verhalten als »richtig« und »falsch« gibt es dabei nicht.

Das H.D.I.®-Modell greift die Funktionen des Gehirns und seiner »Dialekte« auf und gliedert sie in vier Bereiche (A-Typ bis D-Typ). Diesen Bereichen ist jeweils eine Farbe zugeordnet.

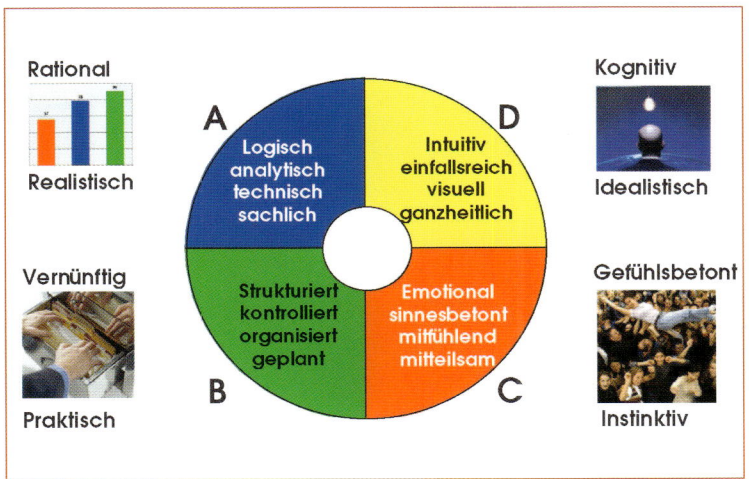

H. D. I.®-Modell

Erinnern Sie sich bitte an die vier Typen von Menschen, die Ihnen in der U-Bahn begegnet sein könnten (vgl. Seite 19 ff.).

Der Rationale als Zuhörer

Der erste Typ, der gleich rational die Ursache einer Störung analysiert, ist vor allem an Fakten interessiert. Im H.D.I.®-Modell ist er der »A-Typ«. Ihm ist die Farbe blau zugeordnet.

In einer Präsentation können Sie den »blauen Typ« für sich gewinnen, indem Sie ihn durch Tatsachen überzeugen. Was Sie vorschlagen, muss logisch, technisch machbar und finanzierbar sein. Formulieren Sie präzise Aussagen!

Der Kontrollierte als Zuhörer

Der zweite Typ in der U-Bahn, der alle Abfahrtspläne im Kopf zu haben schien, ist vor allem an formalen Aspekten interessiert. Im H.D.I.®-Modell ist er der »B-Typ« mit der Farbe grün.

Ihn bekommen Sie bei einer Präsentation am besten ins Boot, indem Sie auf Vollständigkeit und Klärung von Details achten. Risiken müssen minimiert und klar begrenzt sein. Zahlen sollten auch die zweite Stelle hinter dem Komma erfassen.

Der Emotionale als Zuhörer

Der dritte Typ in der U-Bahn, der ganz verzweifelt über sein von der Störung gefährdetes Treffen war, orientiert sich vor allem an Gefühlen. Im H.D.I.®-Modell ist er der »C-Typ«. Ihm ist die Farbe rot zugeordnet.

Bei einer Präsentation interessiert ihn am meisten die zwischenmenschliche Seite. Betonen Sie für den »roten Typ« helfende und beziehungsfördernde Aspekte – und stecken Sie ihn mit Ihrer Begeisterung an! Sprechen Sie das Gefühl an!

Der Visionäre als Zuhörer

Mit ganz anderen Augen wird der »Trendsetter-Typ« aus der U-Bahn Ihre Präsentation wahrnehmen. Er sucht nach Visionen. Im H.D.I.®-Modell ist er der »D-Typ«, zu ihm gehört die Farbe gelb.

Nehmen Sie den »gelben Typ« für Ihre Inhalte ein, indem Sie seine Phantasie beflügeln. Er will sich in die Zukunft einfühlen. Diese Stärke können Sie mit bildhaften Beschreibungen unterstützen – und indem Sie ihm in Ihrer Präsentation Raum geben für seine Intuition und seine überraschenden Einfälle. Ihm gehen Ideen und Ziele vor Details.

Das H.D.I.®-Modell richtig einsetzen

Mit dem H.D.I.®-Modell halten Sie ein mächtiges Werkzeug in den Händen. Es wird Ihnen helfen, den richtigen Ton zu finden und auf Menschen mit einer positiven Einstellung zuzugehen. Doch verwechseln Sie bitte die Landkarte nicht mit der Landschaft!

Die Menschen bleiben, was sie sind – egal, ob sie nun von Ihnen als »B-Typ« oder »D-Typ« identifiziert wurden oder nicht. Wenn Sie vor einer Gruppe von Ingenieuren sprechen, können Sie davon ausgehen, dass die Gehirne vieler Teilnehmer »blau« reagieren, also vor allem an Fakten interessiert sein werden.

Bei heterogenen Gruppen dagegen, in denen Sie auf Menschen mit vielen unterschiedlichen Präferenzen treffen, müssen Sie darauf achten, dass für jeden »etwas dabei« ist.

Nach dieser ersten Orientierung gehen die folgenden Seiten auf die Details von Präsentation und Moderation ein. Das H.D.I.®-Modell dient dabei immer als Grundlage.

Mit Hilfe des H.D.I.®-Modells können Sie Menschen besser einschätzen und ihre Präferenzen erkennen.

H.D.I.® und Berufsausprägungen

Schritte zur erfolgreichen Präsentation

Ihre Persönlichkeit steht bei Ihren Präsentationen und Moderationen im Mittelpunkt. Sie sind das Zentrum, der Dreh- und Angelpunkt, um den herum sich Hilfsmittel gruppieren. Und Hilfsmittel können die Wirkung stärken – oder stören.

Zu einem ausdrucksstarken Bild gehört ein passender Rahmen. Das »Bild« sind Sie. Und der Rahmen, in dem Sie stehen, hat drei Seiten.

Nach Ihrer Zieldefinition (»Was will ich erreichen?«) folgt der nächste Schritt zu einer erfolgreichen Präsentation oder Moderation – die genaue Analyse des Umfelds: »Welchen Nutzen hat mein Publikum von meinem Vortrag?«

Ihre Idee oder Ihr Produkt muss nützlich sein, sonst ist sie/es überflüssig.

Im nächsten Schritt entwickeln Sie dann ein rhetorisches Gerüst und die passende Visualisierung, den Mediensatz. Nutzen Sie dabei das H.D.I.®-Modell! So können Sie Ihr Publikum viel gezielter durch entsprechende Formulierungen und Bilder oder Grafiken erreichen.

Kapitel 2

Leitfragen für Ihre gelungene Präsentation

- Das Erfolgsrezept für eine gute Präsentation oder Moderation ist eine gründliche, gezielte Vorbereitung. Wichtig ist vor allem, zu wissen, was Sie bei wem mit Ihrem Vortrag bezwecken.

- Überlegen Sie, was Ihre Kernaussagen sind und wie Sie diese so aufbereiten können, dass sie auch für Ihre Zuhörer wichtig sind. Schaffen Sie beispielsweise Bewusstsein für ein Problem, wenn Sie eine mögliche Lösung präsentieren.

- Wie ist Ihr Publikum zusammengesetzt? Richten Sie Ihre Argumentation nach deren Bedürfnissen und berücksichtigen Sie auch bei der Wahl Ihrer Medien die Eigenarten Ihrer Zuhörer.

Leitfragen für Ihre gelungene Präsentation

Wenn Sie wissen, was Ihr Publikum will, haben Sie die halbe Miete. Gut, diese Aussage ist überspitzt, aber nicht so stark übertrieben, wie Sie vielleicht vermuten.

In der Praxis zeigt sich unerbittlich, dass Erfolg in hohem Maße von guter Vorarbeit abhängt. Wenn Präsentationen und Moderationen in die Gefahr geraten zu scheitern (oder es tatsächlich tun), sind technische Pannen fast nie die Ursache – obwohl sie von vielen Vortragenden gefürchtet werden.

Woran Präsentationen tatsächlich scheitern können

Der Grund für problematische Präsentationen und Moderationen ist häufig, dass der Präsentator die Erwartungen und Interessen seines Publikums nicht trifft. Versuchen Sie daher möglichst genau herauszufinden, was das Publikum von Ihnen, Ihrer Lösung oder Ihrem Produkt erwartet.

Das klingt einfach, ist aber in der Praxis manchmal schwer zu ermitteln. Sehen wir uns eine Auswahl typischer Ursachen an, die Präsentationen und Moderationen in schwieriges Fahrwasser bringen:

- Ihr Auftraggeber selbst hat nur eine vage Vorstellung, was mit Ihrer Präsentation erreicht werden soll. Er ist sich aber sicher, dass Sie Ihre Sache ausgezeichnet machen werden.
- Die Teilnehmer haben schon mehrfach Präsentationen erlebt, bei denen ihre Meinungen und Erwartungen nicht getroffen wurden. Ihre schwungvolle Einführung prallt gegen eine Mauer aus Frustration.
- Ein Teilnehmer wird während der Präsentation zunehmend aktiv. Er sieht Ihre Präsentation als Plattform, um sich selbst profilieren zu können.

Diesen Schwierigkeiten gehen Sie am besten dadurch aus dem Weg, dass Sie schon während Ihrer Vorbereitung Leitfragen stellen. Mit den Leitfragen »warum?«, »vor wem?«, »was?«, »wie?« und »wann, wo und unter welchen Umständen?« decken Sie das gesamte Umfeld einer Präsentation oder Moderation ab. Beantworten Sie die Leitfragen und die abgeleiteten Unterfragen genau – und Sie bringen Ihre Präsentation oder Moderation in sicheres Fahrwasser!

Eine gute Vorbereitung führt Ihre Präsentation zum Erfolg. Beachten Sie insbesondere die Leitfragen.

Leitfrage »Warum?«

Warum wird diese Veranstaltung durchgeführt?
Mit dieser Eingangsfrage klären Sie den Grund, das Ziel und den Zweck Ihres Einsatzes.
Was sind die Vorstellungen und Erwartungen Ihres Auftraggebers?
Was will er erreichen?
Ausgangspunkt ist dabei die konkrete Aufgabenstellung. Bei Moderationen ist es wichtig, sich über das erwartete Gruppenergebnis klar zu sein.

Klären Sie, welche offenen und verdeckten Ziele mit Ihrer Veranstaltung verfolgt werden. Im Hinblick auf die eigene berufliche Karriere sollten Sie nicht darauf verzichten, auch persönliche Ziele zu definieren. Mehr zur Festlegung von Zielen auf Seite 60 ff.

Leitfrage »Vor wem?«

Ihre Präsentation soll die Bedürfnisse und Erwartungen Ihres Publikums befriedigen. Dazu müssen Sie klären, wie sich das Publikum

Sprechen Sie die Sprache Ihres Publikums.

zusammensetzt. Ist es homogen – z.B. Wissenschaftler eines bestimmten Fachgebietes auf einem Kongress, eine Gruppe von Vertriebsmitarbeitern – oder eher heterogen? Danach richten sich Ihre Sprache und der Einsatz von Medien. Ein guter Kompass ist das H.D.I.®-Modell.

Natürlich arbeiten Sie Ihre Präsentation so auf, dass alle Zuschauer zufrieden sind. Doch es ist nicht zu leugnen, dass manche Personen

Gruppe nach H. D. I.®	Sprache	Medien
Rationale (Blau)	• Konkret • Fachsprache eher akademisch • Praxisbeispiele	• Flipchart • Tageslicht-Projektor • Dokumente und Studien
Kontrollierte (Grün)	• Alltagssprache • Praxisbeispiele • Referenzen	• Beamer • Tageslicht-Projektor • Tabellen
Emotionale (Rot)	• Alltagssprache • Praxisbeispiele • Gefühle	• Plakate und Modelle • Flipchart • Pinn-Chart
Visionäre (Gelb)	• Visionäre Ideen • Globale Beispiele • Flipchart	• Fotos und Bilder • Beamer
Gemischtes Publikum	• Konkrete Alltagssprache • Globale und Praxis-Beispiele	• Unterlagen • Flipchart • Beamer oder Tageslicht-Projektor

Teilnehmerorientierter Medieneinsatz und Sprache

wichtiger sind als andere. Machen Sie sich daher klar, wer durch Ihren Vortrag besonders beeinflusst oder beeindruckt werden soll und wer zu den Meinungsbildnern und Entscheidern gehört.

Wenn Sie ein Produkt präsentieren, das verkauft werden soll, müssen sich die Entscheider besonders angesprochen fühlen – also der Einkauf oder die Anwender. Die Meinung anderer Personen, die ebenfalls an der Präsentation teilnehmen, darf zwar nicht vernachlässigt werden, hat aber vermutlich viel geringeres Gewicht.

Leitfrage »Was?«

Sie kennen nun die ungefähre Zusammensetzung Ihres Publikums und haben erste Ziele festgelegt. Nun gilt es die nächsten Schritte zu gehen und die Kernaussagen herauszuarbeiten. Was ist der wichtigste Punkt Ihrer Ausführungen? Welche Aussagen in der Präsentation sind notwendig, welche wichtig und welche haben ergänzenden Charakter?

Was möchten Sie Ihrem Publikum sagen? Überlegen Sie genau, was die Kernaussage ist.

Problembewusstsein aufbauen, Nutzen herausstellen

Stellen Sie die besonderen Merkmale und den Nutzen heraus, die Ihre Vorschläge oder Aussagen prägen. Was hat das Publikum davon, wenn es Ihren Ausführungen folgt?

Oft ist es auch notwendig, Problembewusstsein aufzubauen. Wenn Sie beispielsweise mit Ihrer Präsentation für eine bestimmte Veränderung im EDV-System plädieren, wird vermutlich niemand bestreiten, dass Ihr Vorschlag irgendwie nützlich ist. Die Frage ist jedoch: Sind Ihre Ausführungen so überzeugend, dass die notwendigen Finanzmittel für Ihr Projekt bewilligt werden? Dazu müssen Sie die Entscheider zunächst mit den aktuell bestehenden Problemen konfrontieren. Häufig sind Schwierigkeiten zwar bekannt, werden aber zunächst nicht angegangen, weil man sie ökonomisch für vernachlässigbar hält.

Konkret werden

Wenn Ihre Präsentation eine Entscheidung vorbereiten soll, ist es Ihre Aufgabe, die notwendigen Daten und Fakten zu besorgen und sie aufzuarbeiten. Schließlich sollen Entscheidungen nicht auf der Basis von Vermutungen fallen.

Scheuen Sie sich nicht, konkrete und realistische Zahlen zu nennen.

- Bei nahezu jeder Präsentation spielen Finanzmittel eine direkte oder indirekte Rolle. Machen Sie daher mit Zahlen deutlich, dass notwendige Investitionen entweder Renditen tragen oder sich Kosten direkt verringern bzw. abwenden lassen.
- Analysieren Sie genau die Ist-Situation, die in Ihrer Präsentation zur Sprache kommt, und schildern Sie plastisch die gravierenden Probleme, die mit Ihrem Vorschlag gelöst werden.
- Hüten Sie sich aber vor haltlosen Übertreibungen. Wenige, doch fundierte Zahlen und Fakten wirken überzeugender als uferlose Spekulationen, die nur auf Annahmen beruhen.

Bedenken Sie auch: Viele gute Ideen, die präsentiert wurden oder in Gruppensitzungen entstanden sind, scheitern später an firmenpolitischen Gegebenheiten. Berücksichtigen Sie daher immer auch Traditionen und gewachsene oder auch politische Strukturen. Wenn Sie wollen, dass Ihre Ideen und Vorschläge akzeptiert werden, müssen sie so formuliert sein, dass sie zum »kulturellen Umfeld« des Unternehmens passen.

Leitfrage »Wie?«

Ist die inhaltliche Seite festgezurrt, geht es um die Art und Weise der Vermittlung: Wie sag ich's meinem Publikum?

Den Zeitrahmen berücksichtigen

Eine entscheidende Randbedingung ist dabei der Zeitrahmen: Wie viel Zeit steht zur Verfügung? Seien Sie auf alle Fälle für eine der unangenehmsten Einschnitte beim Präsentieren gerüstet: die drastische Zeitverkürzung. Eventuell können Sie, wenn Sie unmittelbar vor Ihrer Präsentation statt der erwarteten 40 Minuten nur noch 10 Minuten Zeit zugestanden bekommen, die Durchführung Ihrer Präsentation auf einen neuen Termin verlegen. Doch damit signalisieren Sie auch, dass Ihr Vorhaben nicht wirklich wichtig, da verschiebbar ist.

Nutzen Sie lieber auch einen knappen Zeitrahmen, um für Ihre Sache zu werben. Wenn es Ihnen gelingt, in nur fünf Minuten dem Publikum die Brisanz der bestehenden Situation klar zu machen, werden Sie wahrscheinlich die Gelegenheit zu einer ausführlichen Darstellung erhalten. Holen Sie sich für Kürzungen aber die Rückendeckung Ihres Auftraggebers. Machen Sie ihm klar, dass es in fünf Minuten beispielsweise nicht zu einer ernsthaften Diskussion von Lösungsansätzen kommen kann. Ein oder zwei Ideen dagegen kommentarlos vorzustellen, ist durchaus möglich.

Ein verbreiteter Stolperstein bei Präsentationen und Moderationen: Lernen Sie, mit einer eventuellen Zeitkürzung umzugehen.

Bei Moderationen zu berücksichtigen

Wesentlich schwieriger sind Zeitkürzungen bei Moderationen. Ihren eigenen Präsentationsbeitrag können Sie beeinflussen und daher auch notfalls kürzen. Bei Aktivitäten im Publikum geht das nicht so einfach. Wenn Ihr Auftritt also moderierenden Charakter haben soll oder es beispielsweise zu einer Gedankenentwicklung im Publikum kommen soll, gefährdet Zeitdruck den Gesamterfolg. Wenn Ihr Publikum mit den Gedanken schon auf dem Sprung in die nächste Sitzung ist, die zehn Minuten später beginnt, werden Sie kaum mehr brauchbare Äußerungen oder wertvolle Diskussionsbeiträge bekommen.

> Legen Sie sich einen gedanklichen Notfallplan bereit, da mit zeitlichen Kürzungen bei Präsentationen oder Moderationen immer gerechnet werden muss: Auf welche Aspekte gehe ich ein, wenn ich statt 40 Minuten nur 20 oder gar zehn Minuten zugestanden bekomme?

Selbst dann, wenn am Zeitrahmen nicht gerüttelt wird, kann es passieren, dass Ihnen die Zeit »davonläuft«. Wenn Sie Ihr Publikum aktivieren, um in einen lebendigen Dialog zu treten, müssen Sie mit vielen Zwischenfragen, Bemerkungen und Diskussionsbeiträgen rechnen. Diesen sehr positiven Prozess sollten Sie nicht mit ständigen Hinweisen auf bestehenden Zeitdruck knebeln.

Mit Fragen der Zuhörer umgehen

Es ist nicht notwendig, das Publikum von Anfang an mit einer end-
gültigen Regelung zu konfrontieren, ob Sie Zwischenfragen generell
zulassen oder nicht. Warten Sie lieber ab, wie lebendig Ihr Publikum
wird, und reagieren Sie dann angemessen darauf.

Verständnisfragen beantworten Sie am besten sofort – je knapper
und präziser, desto besser, auch wenn Sie zu den Fragen noch weitere
Ausführungen »auf Lager« hätten. Weiterführende Fragen können Sie
zurückstellen. Vergessen Sie aber nicht, auf sie zurückzukommen. Aus
Ihrer Sicht hat sich eine Frage vielleicht im Verlauf der Präsentation
geklärt, aus Sicht des Fragenden muss das nicht der Fall sein. Machen
Sie sich daher eine Notiz und ermuntern Sie gleichzeitig den
Fragesteller, seine Frage erneut am Ende zu stellen.

Auf Nummer sicher gehen Sie daher, wenn Sie Fragen auf eine dafür vorbereitete Flipchart-Seite schreiben. Dann können Sie sich nach Ihrer Präsentation, bevor Sie die Diskussion einleiten, das Einverständnis abholen, ob alle Fragen geklärt sind, oder gegebenenfalls auf offene Punkte eingehen.

Was steckt hinter Fragen aus dem Publikum?

Die angemessene Beantwortung von Fragen erfordert einiges Geschick – von reinen Verständnisfragen abgesehen. Machen Sie sich daher mit der »Psychologie der Frage« vertraut. Hinter vielen Fragen, die im Verlauf einer Präsentation oder Moderation gestellt werden, können sich Bedenken oder Befürchtungen verbergen.

Nicht alle Zwischenfragen Ihrer Zuhörer entspringen einem reinen Sachinteresse.

Bei Gesprächen gilt die Regel: Wer fragt, der führt. Auch in Präsentationen und Moderationen wird der Präsentator oder Moderator durch Fragen aus dem Publikum gelenkt. Die Frage »Können Sie diesen Punkt bitte noch weiter vertiefen?« kann einem Sachinteresse entspringen – oder ein Versuch sein, Sie aufs Glatteis zu führen.

Wenn Sie das Gefühl haben, dass Fragen die Absicht haben, Sie in Bereiche zu führen, die problematisch sind oder in denen Ihnen die Kernkompetenz fehlt, sollten Sie umsichtig reagieren. Fragen Sie gegebenenfalls zurück, welchen Hintergrund eine Frage hat, bevor Sie sie beantworten. Geben Sie lieber ehrlich zu, dass Ihre Kompetenz nur begrenzt ist, als mit Allwissenheit zu glänzen – und dann gravierender Fehler überführt zu werden.

Die angemessene Sprachebene

In den Bereich der Leitfrage »Wie präsentiere bzw. moderiere ich?« gehört auch die Frage: »Als wer spreche ich zu wem?« Von der Beantwortung dieser Frage hängen die Sprachebene und der Einsatz der Medien ab.

- Möchten Sie Ihre Fachkompetenz herausstreichen? Dann sollten Sie Fachjargon einflechten, Fachausdrücke jedoch für eventuell anwesende Laien erklären.
- Geht es Ihnen darum, ein großes, gemischtes Publikum zu begeistern? Dann bauen Sie keine Sprachhürden auf und verzichten Sie auf Fremdwörter und anspruchsvollen Satzbau. Halten Sie zündende Gags bereit, damit die Zuhörer schmunzeln oder lachen können.
- Wollen Sie sich mit Ihrer Präsentation gegen Wettbewerber durchsetzen, um einen Auftrag zu erhalten? Dann können Sie sich profilieren, indem Sie entweder höheren Aufwand betreiben als Ihre Wettbewerber oder ganz bewusst den Aufwand zurückschrauben. Dadurch betonen Sie eine partnerschaftliche Ebene, auf der es nicht darauf ankommt, sich gegenseitig zu beeindrucken.
- Die Frage nach dem Aufwand stellt sich auch bei firmeninternen Präsentationen: Möchten Sie mit besonders aufwendigen Vorträgen herausragen oder sich eher teamorientiert den in Ihrem Unternehmen herrschenden Standards anpassen? Oder vielleicht durch bewusst einfach gehaltene Präsentationen die Aufmerksamkeit auf die Inhaltsebene lenken?

Wortwahl und Darstellung sollten jeweils individuell auf das Publikum und den Anlass abgestimmt werden.

Bedeutung der eingesetzten Medien

Die Auswahl der Medien prägt den Charakter Ihrer Präsentation in hohem Maße. Wenn Sie Spontaneität und Kreativität betonen wollen, ist der Beamer sicher nicht das richtige Medium. Multimedia-Präsentationen sind nicht gut geeignet, um ein Publikum zu aktivieren und Gedanken spontan aufzugreifen und kreativ weiterzuentwickeln. Setzen Sie für solche Ziele lieber ein Flipchart ein, und überlegen Sie, eine Körperübung einzubauen, mit der Sie das Publikum von den Sitzen hochbekommen. Möchten Sie sich technisch kompetent zeigen und Inhalte besonders prägnant präsentieren, sind von einem Computerprogramm erstellte Folien oder der Einsatz eines Beamers optimal.

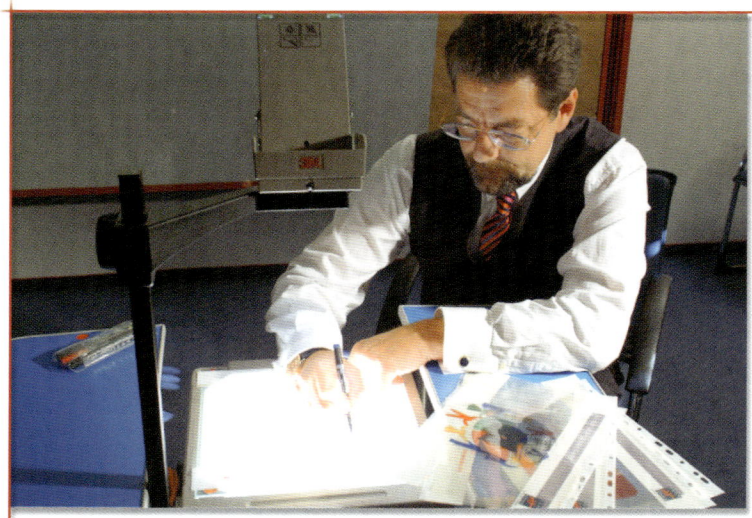

Weitere Gestaltungsmöglichkeiten

Wenn Ihnen die Rolle klar ist, die Sie in einer bestimmten Präsentation übernehmen wollen (und die mit jeder Präsentation wechseln kann), können Sie gleich weitere Stilmittel festlegen. Mögliche Stilmittel sind:

- Einsatz von Humor,
- Auswahl der Beispiele entweder aus der Vorstellungswelt des Publikums oder bewusst aus fremden Bereichen, um traditionelle Horizonte aufzubrechen,
- Einsatz vieler Bilder und Analogien oder eine eher abstrakte Sprachebene,
- Einsatz von Modellen zum Anfassen, um den Erlebnischarakter zu betonen,
- Objekte und Demonstrationen,
- Einbezug des Publikums oder einzelner Teilnehmer,
- Auswahl von Raum, Bewirtung und »Rahmenprogramm«.

Auch hier gilt: Die zielgruppen- und kontextbezogene Ausstattung ist gelebter Respekt vor Ihrem Publikum.

Leitfrage »Wann, wo und unter welchen Umständen?«

Zur sorgfältigen Planung einer Moderation und Präsentation gehört auch die Klärung organisatorischer Fragen. Zu gravierenden Pannen kommt es in der Regel nur, wenn Dinge als selbstverständlich angenommen oder nicht frühzeitig geklärt werden.

Vorher zu fragen ist besser als zu vermuten.

Den richtigen Rahmen finden

Was für ein wertvolles Geschenk das Geschenkpapier ist, ist für Ihre Präsentation das Surrounding. Der äußere Rahmen bildet einen wichtigen Baustein für den Erfolg Ihres Vortrags. Präsentieren Sie in Ihren eigenen oder in Ihnen bekannten Räumen – schön! Hier sind Sie zu Hause, hier spielen Sie im eigenen Revier und sind sicherlich so am stärksten. Sie greifen auf bekannte Technik zurück und kennen die Rahmenbedingungen. Das erhöht Ihre Sicherheit, reduziert die Fehlerquellen und kann so auftretendes Lampenfieber verringern.

Findet die Präsentation allerdings auswärts, in Ihnen nicht bekannten Räumen statt, brauchen Sie mehr Zeit zur Vorbereitung. Beginnen Sie rechtzeitig mit der Suche – ausreichend Zeit gibt ein gutes Gefühl. Wählen Sie eine geeignete Location, beispielsweise ein Hotel, das auf Tagungen gut vorbereitet und spezialisiert ist. Hier stehen Ihnen häufig professionelle Ansprechpartner zur Verfügung, und Sie müssen nicht zu viel für andere mitdenken. Berücksichtigen Sie bei der Auswahl allerdings auch die Anreisemöglichkeiten (Bahnhof, Flugplatz, Autobahnzufahrt etc.) und prüfen Sie, ob genügend Parkplätze für Ihre Gäste vorhanden sind.

Im Vorfeld zu organisieren

Benötigen Sie ein Catering? Kaffee, Tee, Kaltgetränke oder auch Schnittchen etc.? Klären Sie im Vorfeld, wer Ihr Ansprechpartner ist, auch während der Präsentation. Lassen Sie sich rechtzeitig die interne

Telefonnummer geben, damit Sie die zuständige Person gegebenenfalls kurzfristig – beispielsweise über eine Pausenverschiebung – informieren können. Es kann die Stimmung erheblich beeinflussen, wenn Sie Ihren Gästen keine kalten oder überkochten Speisen anbieten müssen.

Unbedingt zu prüfen: die Technik!

Die Technik, die Sie benötigen, haben Sie im Vorfeld angemeldet und abgeklärt. Dazu ein Tipp aus der Praxis: Überprüfen Sie vor Ort noch einmal jedes Detail. Ist wirklich Papier auf dem Flipchart, an der Pinnwand? Schreiben die Ihnen zur Verfügung gestellten Stifte? Geht der Overhead-Projektor? Ist eine Ersatzbirne vorhanden? Ist der Overhead-Projektor sauber, ist insbesondere der Spiegel poliert oder eher verfleckt? Funktioniert der Ihnen zur Verfügung gestellte Beamer? Ist dieser mit Ihrem Notebook oder Ihrem Video kompatibel? Passen die entsprechenden Stecker?

Sollten Sie eine Mikrofonanlage verwenden, sprechen Sie unbedingt Probe. Nur so kann die Anlage auf Ihre Stimme und Ihre individuelle Lautstärke eingestellt werden.

Prüfen Sie die Steckdosen, die Sie verwenden wollen. Auch hier habe ich schon alle möglichen unangenehmen Überraschungen erlebt. Sollten Sie eine Verlängerungsschnur (Kabeltrommel) verwenden, rollen Sie diese unbedingt vorher vollständig ab. Sonst ergibt sich ein Spuleneffekt. Das Kabel kann sich aufheizen, so dass die Sicherung herausspringt.

In einem guten Haus werden Ihnen (gegen Berechnung) auch Schreibunterlagen, Stifte etc. zur Verfügung gestellt, so dass Sie sich darum schon nicht kümmern müssen.

Kriterien für die Raumwahl

Wenn Sie den Raum aussuchen: Ist die Größe für die Anzahl Ihrer Zuhörer geeignet? Eine zu enge Bestuhlung lässt den Teilnehmern keinen Platz. Das kann verhindern, dass sich Ihre Zuhörer wohl fühlen. Ist der Raum groß genug? Prima! Ist der Raum dagegen zu groß, fühlen sich Ihre Gäste leicht verloren.

Auch die Deckenhöhe ist wichtig. Nur bei ausreichend hohen Räumen (höher als drei Meter) haben Sie die Möglichkeit, gut mit der gegebenen Technik zu präsentieren, ohne im Bild zu stehen. Bei niedrigen Raumhöhen ist zu prüfen, ob ein Vortrag (zumindest teilweise) im Sitzen nicht besser geeignet ist, damit Sie Ihren Zuschauern nicht die Sicht verdecken.

Die geeignete Bestuhlung

Bestuhlen Sie den Raum in der zu erwartenden Teilnehmerzahl. Einige Reservestühle sollten Sie aber immer als Backup bereit halten. Achten Sie auf der anderen Seite darauf, dass nicht zu viele Stühle im Raum stehen. Dies kann leicht den Eindruck erzeugen: Es sind nicht alle gekommen – vielleicht ist die Veranstaltung ja nicht wichtig oder gar langweilig?

Wählen Sie die Anordnung der Stühle dem Anlass entsprechend. Große Präsentationen, viele Teilnehmer: Hier sind Sitzreihen oder eine plenarmäßige Anordnung zu empfehlen. Kleinere, also intimere Gruppen lassen ein offenes U zu, so dass Sie auch die Möglichkeit haben, in Ihre Zuhörerschaft hineinzugehen. Sie erleichtern sich so die Kontaktaufnahme, Achten Sie aber auf alle Fälle darauf, dass Sie nie Zuhörer/Zuschauer in Ihrem Rücken haben. Die Teilnehmer sollen Sie von vorne, nicht von hinten sehen.

Sobald die Bestuhlung entsprechend Ihren Wünschen vorgenommen wurde, prüfen Sie, ob von jedem Sitzplatz aus Ihre Medien sichtbar sind – auch noch, wenn Sie als Präsentator vorne stehen. Prüfen Sie, ob Säulen oder sonstige Verzierungen die Sicht Ihrer Teilnehmer beeinträchtigen, und gruppieren Sie gegebenenfalls um.

Was Profis beachten

Schauen Sie sich den Fußboden an. Finden Sie einen Holzfußboden vor, sind Sie gezwungen, während Ihrer Präsentation besonders ruhig zu stehen. Nichts ist unangenehmer als ein regelmäßiges Klack-Klack-Klack, wenn der Präsentator hin und her läuft.

Achten Sie auf die Fenster und das Licht: Sind entsprechende Verdunkelungsmöglichkeiten gegeben (sehr wichtig, wenn Sie mit Overhead oder Beamer präsentieren)? Es darf kein grelles Sonnenlicht auf Ihre Projektionsfläche fallen (tageszeitabhängig), da sonst Ihre mühsam vorbereiteten Visualisierungen nicht zu sehen sind.

Und zu guter Letzt – das Klima: Ist die Temperatur angenehm? Im Winter sind 20 Grad ausreichend. Ein überheizter Raum kann leicht die Konzentrationsfähigkeit Ihrer Zuhörer beeinträchtigen.

Für den Sommer ist zu prüfen: Ist der Raum so klimatisiert, dass das Geräusch der Klimaanlage Ihre Präsentation nicht stört? Sprechen Sie mit den zuständigen Haustechnikern und lassen Sie sich deren direkte Durchwahl geben. Wie ist die Raum-Atmosphäre: Stören eventuell lästige Küchengerüche oder sonstige Düfte das Wohlbefinden Ihrer Zuhörer? Nicht immer kann man während der Präsentation ein Fenster öffnen (wegen Nebengeräuschen, Straßenlärm etc.).

Wenn Sie sich von der Brauchbarkeit der Räumlichkeiten und der Technik ein gutes Bild gemacht und diese für geeignet befunden haben, dient das nicht nur dem Wohlbefinden Ihrer Zuhörer, sondern auch Ihrer eigenen Befindlichkeit. Und dies kann nur förderlich sein, um Ihre eigene Sicherheit während der Präsentation zu erhöhen.

Einen Zeitplan für die Vorbereitung erstellen

Wenn alle inhaltlichen und organisatorischen Fragen geklärt oder zumindest gedanklich angegangen sind, ist der nächste Schritt die Erstellung eines persönlichen Zeitplans, die »Planung der Planung«. Spätestens einen Tag, besser zwei Tage vor der Präsentation sollte »Deadline« für die letzten Änderungen sein. Bevor Sie vor Ihr Publikum treten, müssen Sie mit dem Material vertraut sein und einen gewissen inneren Abstand gefunden haben.

Wenn Sie dagegen vor einer wichtigen Präsentation stark angespannt sind und in den letzten Stunden noch Folien oder andere Medien erstellen, besteht die Gefahr, dass eine unvorhergesehene Kleinigkeit Sie aus dem Konzept bringt. Wer bis über beide Ohren in einer Sache drinsteckt, kann nicht mehr relativieren und hält kleine Missgeschicke und Krisen gleich für den Weltuntergang.

Der Probedurchlauf

Einige Tage vor der »Deadline« sollten Sie einige Kolleginnen und Kollegen zu einer Probepräsentation einladen. Je genauer Sie Ihr Testpublikum anschließend befragen, desto wertvoller werden die Antworten ausfallen. Fragen Sie nach dem Gesamteindruck und nach wichtigen Details:

- Welche Medien waren besonders gelungen?
- Welche Aussagen waren unklar oder schlecht nachvollziehbar?
- Welche Beispiele waren besonders einleuchtend?
- Wie wirkte der Einstieg in das Thema?

Zwischen Probepräsentation und »Deadline« sollte genügend Zeit sein, um einige Änderungen vorzunehmen. Werfen Sie aber nicht drei Tage vor der Präsentation Ihr ganzes Konzept über den Haufen, weil die Reaktionen negativer ausgefallen sind, als Sie erwartet hatten. Konzentrieren Sie sich vielmehr auf die konstruktive, leicht umsetzbare Kritik und machen Sie gegebenenfalls deutlich, dass Sie jetzt Hilfe brauchen und wieder aufgebaut werden müssen. Wer direkt nach konkreter Hilfe fragt, wird fast nie enttäuscht.

Versuch macht klug! Der Termin für die Probepräsentation bestimmt Ihr Zeitbudget. Planen Sie realistisch, wie viele Stunden Sie zur Verfügung haben, um an Ihrem Vortrag zu arbeiten. Dann geht es darum, diese Zeit richtig aufzuteilen.

> **Faustregel 1:10:**
> Eine Stunde Präsentation erfordert 10 Stunden Vorbereitung.

Die richtigen Prioritäten setzen

Eine originelle Leitlinie ist dabei das »Pareto-Prinzip«, auch bekannt als »80:20-Regel«. Das Pareto-Prinzip beruht auf Beobachtungen des italienischen Ökonomen Vinfredo Pareto. Er erkannte, dass das Verhältnis von Aufwand und Ergebnis in sehr vielen Bereichen gleich ist. Als Faustregel formuliert zeigt sich, dass sehr oft etwa 80% des Ergebnisses nur mit etwa 20% des Aufwandes zu erzielen sind.

Für Ihre Präsentation heißt das, dass Sie Ihre Arbeitszeit auf die richtigen Bereiche konzentrieren müssen, um besonders effektiv zu sein. Legen Sie daher den Zeitaufwand für die einzelnen Tätigkeiten in der Vorbereitung der Präsentation fest. Halten Sie den Zeitrahmen möglichst ein, denn es ist eine der größten Gefahren in der Vorbereitung, sich an manchen Stellen in Details zu verlieren und darüber andere wichtige Punkte zu vernachlässigen.

Ohne effektive Planung kehrt sich die Pareto-Regel um und Sie erzielen mit 80% des Aufwandes nur 20% des Ergebnisses.

Tätigkeiten	Empfohlene Zeitdauer	Ihre Planung
Organisation und Klärung des Umfeldes	30 Minuten	
Zeit festlegen, Vorgehen skizzieren, Nutzen herausarbeiten	30 Minuten	
Rhetorisches Konzept entwickeln, Beispiele und sprachliche Höhepunkte finden	60 Minuten	
Medien konzipieren und erstellen	120 Minuten	
Probepräsentation, Feedback und Überarbeitung	60 Minuten	
Gesamtzeit Vorbereitung	300 Minuten	

Warum?	Geklärt	Muss noch geklärt werden
Warum wird diese Präsentation durchgeführt?		
Welches Ziel verfolgt diese Präsentation?		
Welches Gesamtziel soll erreicht werden?		
Wie lautet die konkrete Aufgabenstellung?		
Vor wem? – Zielgruppe		
Vor wem findet die Präsentation statt?		
Wie setzt sich das Publikum zusammen?		
Wer soll durch diese Präsentation beeinflusst werden?		
Welchen Wissensstand haben die Teilnehmer?		
Wer ist anwesend?		
Wer entscheidet?		
Was wird erwartet?		
Mit welchen Vorurteilen ist zu rechnen?		
Welche Zuhörer haben besonderen Einfluss auf andere (Meinungsbildner)?		

Was?	Geklärt	Muss noch geklärt werden
Was ist das Wichtigste/ Notwendigste meiner Aussage?		
Welche Merkmale prägen meinen Vorschlag?		
Wie baue ich bei meinen Zuhörern Poblembewusstsein auf?		
Welche Daten/Fakten muss ich mir holen?		
Welche politischen Gegebenheiten müssen berücksichtigt werden?		
Welchen Nutzen will ich deutlich machen?		
Wie?		
Wie viel Zeit habe ich zur Verfügung?		
Lasse ich Zwischenfragen zu?		
Welche Bedenken/Fragen können kommen?		
Wie kann ich diese beantworten?		
Welche Präsentationsmittel setzte ich ein?		
Welche Sprache wähle ich?		
Welche Beispiele/Analogien und Bilder (verbal) setze ich ein?		
Welche Definitionen sind erforderlich?		
Wie erreiche ich einen logischen/ psychologischen Aufbau?		
Wie kann ich was visualisieren?		

Wann?	Geklärt	Muss noch geklärt werden
Sind alle Teilnehmer eingeladen?		
Ist der Zeitpunkt günstig gewählt?		
Können alle rechtzeitig da sein?		
Sind Pausen/Bewirtung vorbereitet?		
Sind alle Präsentationsmittel bis zum Termin fertig?		
Wann läuft meine Probepräsentation?		
Wann ist »deadline« für das finish?		
Wo?		
In welchem Raum findet die Präsentation statt?		
Größe des Raums?		
Lichtverhältnisse/Abdunkelung?		
Sitzordnung?		
Mit/ohne Tische?		
Ist der Raum frei und gebucht?		
Sind alle Geräte vorhanden?		
Ist die Raumordnung o.k.?		
Rahmenorganisation		
Termin zur Besichtigung der Örtlichkeiten		
Pausenvereinbarungen		
Bewirtung		

Material?	Geklärt	Muss noch geklärt werden
Welche Medien stehen zur Verfügung?		
Beamer/PC/Steckerverbindungen/ Infrarotschnittstellen kompatibel?		
Overheadprojektor/Leinwand		
Flipchart		
Pinnwand		
Dia- bzw. Filmprojektor		
Videogerät/Fernsehgerät/Steckverbindungen		
Demonstrationsmaterial/Modell		
Mikrofon/Lautsprecher		
Präsentationsmaterial		
Folien/leere Folien		
Präsentationsdateien/Notebook, CDs		
Hand-outs		
Vorbereitete Pinn-Karten		
Sprühkleber/Nadeln/Klebeband		
Folienstifte		
Markerstifte für Flipchart		

Kapitel 3

Das Ziel Ihrer Präsentation

- Jede Präsentation oder Moderation verfolgt ein bestimmtes Ziel. Definieren Sie, was Sie genau erreichen möchten, und überlegen Sie, wie Sie auch Ihr Publikum dafür gewinnen können.

- Wichtig ist es, ein realistisches Ziel festzulegen. Werden Sie bei der Definition des angestrebten Zustands so konkret wie möglich.

- Menschen handeln aufgrund bestimmter Motive. Versuchen Sie, die Beweggründe Ihres Publikums herauszufinden und sprechen Sie diese gezielt an, um Ihre Zuhörer zum gewünschten Handeln zu bewegen.

Das Ziel Ihrer Präsentation

Die meisten Präsentationen beinhalten den Auftrag, eine Aufgabe zu lösen, zum Beispiel:

- einen Kunden zu gewinnen,
- einen interessanten Beitrag zu einem Kongress zu liefern,
- eine Idee zur Entscheidung vorzubereiten,
- neue Ideen für Veränderungen oder Problemlösungen zu finden.

Unterscheiden Sie zwischen der Aufgabe, die Sie erledigen, und dem Ziel, das Sie damit verfolgen.

Doch ist die Aufgabe gelöst, wenn der letzte Zuhörer aus dem Publikum den Präsentationsraum verlassen hat? Ja, die Aufgabe haben Sie dann vermutlich gelöst – aber ob Sie auch Ihre Ziele erreicht haben, das hängt zu einem großen Teil davon ab, ob Sie sich vor der Präsentation welche gesetzt haben.

Was versteht man unter einem Ziel?

Was ist ein Ziel? Was unterscheidet es von einer Aufgabe? Um in diesen Fragen Klarheit zu gewinnen, hier zwei Definitionen:

Definition »Ziel«:

Ein Ziel ist ein angestrebter, zukünftiger Zustand, der gleichzeitig Orientierungsrahmen für alle zielführenden Handlungen ist.

oder:

Ein Ziel ist ein angestrebtes, zukünftiges Ergebnis von Handlungen.

Entscheidend ist, dass bei Zielen ein Ergebnis erwartet und angestrebt wird. Dieses gewünschte Ergebnis muss messbar und beschreibbar sein, damit erkennbar ist, ob das Ziel erreicht wurde oder nicht.

Entsprechend umformuliert werden so aus den Aufgaben, die eingangs genannt wurden, eindeutig quantifizierbare Ziele:

Aufgabe	Ziel
Einen Kunden gewinnen.	Ein Vertragsabschluss innerhalb von drei Monaten mit 30 000.- Euro Volumen.
Einen interessanten Beitrag zu einem Kongress liefern.	In den nächsten sechs Monaten zwei weitere Male als Redner eingeladen werden.
Eine Idee zur Entscheidung vorbereiten.	Das aus zwei Alternativen ausgewählte Projekt startet im nächsten Quartal mit 90 % des veranschlagten Budgets. Persönliches Ziel: Ich arbeite mit 30 % meiner Arbeitszeit im ausgewählten Projekt.

Eine so exakte Formulierung von Zielen scheint möglicherweise ungewöhnlich und darum mühselig zu sein. Doch in dieser Mühe liegt ein weiterer Schlüssel zum Erfolg: Die Festlegung eines messbaren Ziels, die am besten schriftlich erfolgt, zwingt nämlich zur Beantwortung der Frage, was nach der Präsentation der Fall sein soll.

Ein realistisches Ziel festlegen

Finden Sie ein realistisches Ziel, das im Rahmen Ihrer eigenen Gestaltungsmöglichkeiten liegt. Soll ein Budgetplan unterschrieben werden? Soll eine Provision für einen Abschluss auf Ihr Konto auflaufen? Oder erwarten Sie für die ganze Mühe, die Sie sich gemacht haben, nur ein freundliches Kopfnicken?

Das Ziel »zieht«, d.h. es übt eine Anziehungskraft aus und ist der Fixpunkt Ihrer Präsentation. Ein besonders realistisches Ziel wirkt dabei stärker als eines, das aus übertriebenem oder mangelndem Ehrgeiz gesetzt wurde.

> **Ein Ziel sollte SMART sein:**
> S = schriftlich,
> M = messbar,
> A = attraktiv,
> R = realistisch,
> T = terminiert.

Ohne eine klare Vorstellung davon, was nach der Präsentation geschehen soll, kann Ihr Vortrag durchaus positiv wirken – allerdings ohne zwingend die Aktionen auszulösen, die Sie sich erhofft haben. Haben Sie dagegen ein konkretes Ziel, das Sie erreichen wollen, sind Sie auch gezwungen, sich über Konsequenzen für Ihr Publikum Gedanken zu machen.

Wer kein Ziel hat, kann auch keines erreichen.

Wo liegt der Nutzen für Ihr Publikum?

Beide Seiten, Vortragender und Zuhörer, müssen etwas davon haben, dass die Präsentation durchgeführt wird. Was hat das Publikum davon, dass es Ihren Ausführungen folgt? Welchen Nutzen bieten Sie ihm?

Wenn Sie dieser Frage nachgehen und eine befriedigende Antwort finden, kann Sie im Verlauf Ihrer Präsentation kaum noch etwas erschüttern. Unter dieser Voraussetzung können Sie selbst dann, wenn der Strom ausfällt und Ihnen jede Möglichkeit genommen wird, Medien einzusetzen, Ihr Publikum für das Thema begeistern – notfalls bei Kerzenlicht. Wenn das Wohl Ihrer Zuhörer Ihnen am Herzen liegt und Sie Nutzen stiften wollen, wird jeder gerne Ihren Ausführungen folgen, selbst wenn die Umstände nicht optimal sind.

Das Publikum zum Handeln bewegen

Sie wollen Ihr Publikum aktivieren, es zum Handeln bringen. Etwas soll sich positiv verändern – für Ihr Publikum, aber auch für Sie selbst. Doch es ist eine Kunst, Menschen dazu zu veranlassen. Oft scheint es uns, als lägen alle Vorteile einer Handlung offen auf der Hand und bestimmte Menschen bräuchten nur einen Entschluss zu fassen und ihn in die Tat umzusetzen, damit die Welt friedlicher, gerechter und lebenswerter wird – doch das Handeln wird vertagt.

»Es gibt nichts Gutes, außer man tut es.« (Erich Kästner)

Das gilt im Großen wie im Kleinen. Der Freund mag die angebotene Stelle nicht annehmen, die doch offenbar so viele Vorteile bietet. Der Kunde kauft beim Wettbewerb, obwohl eine Zusammenarbeit mit unserem Unternehmen doch so günstig für ihn und uns wäre. Und wir selbst bekommen es nicht hin, gesünder und entspannter zu leben, obwohl wir wissen, wie gut es uns täte.

Es liegt auf der Hand, dass viele Handlungen nicht durch Vernunft und rationale Überlegungen gesteuert sind. Das Gehirn, das unser Verhalten steuert, hat eine sehr starke emotionale Seite und folgt keineswegs nur rationalen Impulsen – auch bei Menschen, die für sich in Anspruch nehmen, besonders rational zu handeln.

Es ist nicht immer die Vernunft, die entscheidet – die Menschen werden durch unterschiedlichste Motive geleitet.

Die Bedeutung von Motiven

Unser Verhalten entspringt bestimmten Motiven, die uns leiten, ohne dass dies bewusst sein muss. Nahezu jedes Verhalten steht unter dem Einfluss von einem oder mehreren Beweggründen. Besonderes Gewicht haben dabei die Motive Geld, Ansehen, Entlastung, Sicherheit, Gesundheit, Entdeckung und Soziales.

Keiner dieser Beweggründe ist wertvoller oder rationaler als die anderen. Wie die Beobachtung zeigt, handeln Menschen unterschiedlich, und für unsere Zwecke führt es nicht weiter, ihre Motive zu bewerten oder nach den Ursachen ihrer Motive zu forschen.

Nutzenargumentation

Wenden wir uns besser den praktischen Konsequenzen zu. Wenn Sie sich vor Augen führen, welche Autos Ihre Nachbarn, Kollegen und Freunde fahren, werden Sie auf sehr unterschiedliche Modelle stoßen. Warum hat wohl eine bestimmte Person gerade dieses Fahrzeug gewählt?

Verschiedene Leitmotive beim Autokauf

Bestimmt ist jemand dabei, der einen in Anschaffung und Unterhalt besonders günstigen Kleinwagen oder einen Gebrauchten fährt. Diese Person ist bei dieser Entscheidung offenbar von Gedanken an Finanzen und Kosten geleitet; sie will Geld sparen. Bei der Entscheidung »Autokauf« ist das Motiv »Geld« vorherrschend.

Leitmotiv »Geld«

In anderen Ausgabenbereichen, zum Beispiel beim Urlaub, kann die Entscheidung dieses Menschen dagegen von ganz anderen Motiven abhängen und der Beweggrund »Geld« nur eine untergeordnete Rolle spielen.

Eine andere Person hat beim Autokauf dagegen viel investiert, um einen Wagen anzuschaffen, der besonders viel »hermacht«. Das kann ein teurer Sportwagen aus Italien oder eine britische Luxuskarosse sein, aber auch ein Mittelklassewagen, der mit unzähligen Extras und Speziallackierung aufgewertet wurde und stets in tadellosem Zustand ist.

Leitmotiv »Ansehen«

Wer ein solches Fahrzeug fährt, möchte in gutem Licht dastehen, respektiert oder bewundert werden. Dieses Motiv »Ansehen« ist stark mit dem Selbstwertgefühl verbunden.

Sicher kennen Sie auch Menschen, die gar nicht verstehen können, wieso andere so viel Umstand um Autos machen. Ihnen geht es darum, dass ihr Auto das Leben einfacher und praktischer macht. Diese Pragmatiker fahren beispielsweise einen Kombi, der sich einfach beladen lässt, oder besonders wendige Autos, um es beim Parken einfacher zu haben. Regelmäßige Autopflege wird als unnötig erlebt. Ihr Motiv ist »Entlastung«.

Leitmotiv »Entlastung«

»Nur kein Risiko eingehen« – Ihnen werden leicht Zeitgenossen einfallen, die nach diesem Motto leben. Und das dahinter stehende Motiv »Sicherheit« prägt auch die Auswahl des Fahrzeugs. Wer durch diesen Beweggrund bestimmt ist, interessiert sich für Pannenstatistiken und hat immer ein aufgepumptes Reserverad und einen vollen Reservekanister dabei.

Leitmotiv »Sicherheit«

»Gesundheit« ist ein weiteres Motiv, durch das menschliches Handeln geprägt ist. Wenn dieses Motiv beim Autokauf stark ist, hat die Sicherheit der Insassen eine herausragende Bedeutung. Deutlich wird dieses Motiv aber auch bei Menschen, die ihr Fahrzeug häufiger stehen lassen und Strecken zu Fuß oder mit dem Fahrrad bewältigen.

Leitmotiv »Gesundheit«

65

Leitmotiv »Soziales«   Wer primär an seine Mitfahrer denkt und deren Zufriedenheit im Sinn hat, kauft vielleicht einen Van. Diese Entscheidung ist dann vom Motiv »Soziales« gelenkt.

Leitmotiv »Entdeckung«   Etwas erleben, Neues sehen, dabei sein und nichts verpassen – das möchten Menschen, die durch das Motiv »Entdeckung« gesteuert sind. Sie bevorzugen erlebnisorientierte Autos, beispielsweise Geländewagen oder Cabrios.

Motive bestimmen Präferenzen

Ein Auto, das allen Menschen gleich gut gefällt, kann es nicht geben. Hinter der Entscheidung für ein bestimmtes Modell stehen immer ein oder mehrere individuelle Motivationslagen, die den Ausschlag geben.

Objektiv gesehen sind die Merkmale und Eigenschaften von Autos in einer bestimmten Preisklasse zum Verwechseln ähnlich. Ausschlaggebend für den Kauf sind bestimmte Details, in denen der Käufer einen besonderen Nutzen sieht, da sie seine speziellen Entscheidungsmotive ansprechen.

Zuordnung zum H.D.I.®-Modell

Diese Entscheidungsmotive lassen sich mit unseren H.D.I.®-Modell in Einklang bringen. Der »blaue« Typ des H.D.I.®-Modells, der Rationale, wird deutlich vom Motiv »Entlastung« gesteuert. Er erwartet von seinem Auto, dass es ganz pragmatisch sein Beförderungsproblem löst.

Was für ein Auto werden wohl Verwalter, Buchhaltungskräfte oder Betriebsplaner fahren, also typische Vertreter des »grünen« Typus, der Kontrollierten? Wahrscheinlich kein teures Sportcabrio (Ausnahmen bestätigen die Regel), sondern vermutlich ein besonders ökonomisches Auto mit stabilem Wiederverkaufswert und möglichst geringer Reparaturanfälligkeit.

Der Seiten-Airbag auch für den Beifahrer ist ihm wichtiger als der Heckspoiler – die Rede ist natürlich vom »roten« Typ, dem Emotionalen. Er legt beim Autokauf mehr als andere Gewicht auf die Bedürfnisse seiner Mitfahrer. Gesundheit, Wohlbefinden, aber auch besonderes Umweltbewusstsein bestimmen seine Wahl.

Dagegen ist der »gelbe« Typ (der Visionäre) oft spontan von einem Modell angezogen, das neue, interessante Details oder einen besonderen Clou aufweist. Die Motive »Entdeckung« und »Ansehen« finden in der Wahl eines außergewöhnlichen Autos ihren Niederschlag.

Die Motive der Zuhörer ansprechen

Was bedeutet dies für Ihre Präsentation? Es bedeutet, dass Sie besonders überzeugend wirken, wenn Sie die Motive Ihres Publikums positiv ansprechen. Gehen Sie von Tatsachen und objektiven Merkmalen aus und stellen Sie den Nutzen heraus, den eine Eigenschaft Ihres Produktes oder Ihrer Idee bietet.

Eine Eigenschaft kann dabei durchaus verschiedene Motive ansprechen. Nehmen wir an, Sie möchten mit Ihrer Präsentation die Geschäftsleitung eines Unternehmens davon überzeugen, für die Außen-

dienstmitarbeiter neue Autos anzuschaffen. Das Auto, das Sie anbieten, hat eine Motorleistung von 80 KW. Wenn Sie nur die Eigenschaft »80 KW Motorleistung« herausstellen, wird dies im Publikum ganz verschiedene Assoziationen und teils positive, teils negative Bewertungen auslösen.

Argumentieren Sie unterschiedlich, jeweils abgestimmt auf das Motiv Ihres Publikums.

Einen positiven Eindruck werden Sie erzielen, wenn Sie die 80 KW Leistung zum Ausgangspunkt einer Argumentation nehmen, die einen motivbezogenen Nutzen für die Anwender bzw. Entscheider hat:

- 80 KW Motorleistung bedeuten, dass die Außendienstmitarbeiter auch größere Entfernungen zügig bewältigen können (Motiv »Entlastung«).
- Bei der hohen Kilometer-Leistung kommen die Außendienstmitarbeiter manchmal in brenzlige Situationen. Dann bieten 80 KW Motorleistung entscheidende aktive Sicherheitsreserven (Motive »Soziales«, »Sicherheit«).
- Bei 80 KW Motorleistung ist das Verhältnis von Dieselverbrauch und Leistung optimal (Motiv »Geld«).

Der Nutzen einer Investition kann sich auf verschiedene Bereiche erstrecken. Wenn Sie den Nutzen eines Produktes oder einer Idee deutlich machen und wenn Ihre Nutzenargumentation die vorherrschenden Entscheidungsmotive des Publikums anspricht, ist Ihre Präsentation optimal auf Erfolg ausgerichtet.

Nutzenargumentation und H.D.I.®-Typen

- Führen Sie einer Gruppe von »Blauen« (Rationalen), beispielsweise Ingenieuren, vor Augen, dass Ihr Vorschlag hohen Nutzen bringt, weil finanziell überschaubar, technisch erklärbar, mit Daten belegbar.

- Vor Verwaltern und Buchhaltern (also »Grünen«, den Kontrollierten) argumentieren Sie, dass die Eigenschaften Ihres Produktes oder Ihrer Idee zu mehr Sicherheit, Zuverlässigkeit und zu berechenbarem ökonomischen Gewinn führen.

- Sprechen Sie vor einer überwiegend »rot« strukturierten Gruppe, dann arbeiten Sie besonders den Nutzen für die Gemeinschaft (z. B. Klimaverbesserung) und ökologische oder gesundheitsfördernde Aspekte heraus.

- Den Nutzen von Eigenschaften, der sich vor allem in der Zukunft zeigen wird, betonen Sie dagegen, wenn Sie vor »gelben Visionären« präsentieren.

Motive »Geld« und »Ansehen« fast immer wichtig

Auf diese Weise setzen Sie wichtige Akzente, die für den Erfolg Ihrer Präsentation ausschlaggebend sein können. Den Nutzen in den Bereichen »Geld« und »Ansehen« sollten Sie immer ansprechen, denn von diesen beiden Motiven sind im beruflichen Umfeld fast alle Menschen stark gesteuert.

Sehr schön zeigt sich das am Ausdruck »preiswert«, der sich gegen den Ausdruck »billig« bei vielen Produkten durchgesetzt hat, weil er nicht nur das Motiv »Geld«, sondern zusätzlich auch das Motiv »Ansehen« anspricht. Es ist schick geworden zu geizen!

Wenn Sie vor einem heterogen besetzten Entscheidungsgremium präsentieren, sprechen Sie frühzeitig verschiedene Motive an. Wenn Sie sensibel auf die Reaktionen (z. B. Fragen) im Publikum achten, können Sie hören und spüren, welche Motive den oder die Entscheider offenbar besonders ansprechen. In diesen Bereichen setzen Sie dann im weiteren Verlauf Ihre Schwerpunkte und Betonungen.

> Bereits bei der Festlegung Ihrer Ziele sollten Sie die Nutzenargumentation heranziehen. Versuchen Sie Klarheit über die Entscheidungsmotive Ihrer Zielgruppe zu bekommen.
> Sie werden Ihr Präsentationsziel erreichen, wenn die Zielerreichung für Ihr Publikum einen hohen Nutzen im Bereich der jeweiligen Motive bietet.

Bringen Sie Ihre Argumente und die Nutzenerwartung Ihrer Zielgruppe zur Deckung.

Vorhandene Motive	Nutzendarstellung
Geld	Dahinter ist alles, was mit Finanzen, Kosten, Gewinn, Ertrag und Deckungsbeitrag zu tun hat, zu sehen. Das Entscheidungsmotiv signalisiert finanzielle Beweggründe des Verhaltens.
Ansehen	Wen dieses Motiv steuert, der möchte gern in einem guten Licht dastehen, respektiert oder auch bewundert werden. Ein Motiv, das sehr stark mit dem Selbstwertgefühl verbunden ist.
Entlastung	Steuert dieses Motiv die Entscheidung, dann möchte man es gerne leichter, einfacher und weniger beschwerlich haben. Der Ausdruck des ökonomischen Prinzips gehört zur Selbstverständlichkeit dieses Verhaltens.
Sicherheit	Meldet sich dieses Motiv, strebt man nach mehr Sicherheit oder scheut das Risiko. Man möchte sich vor Nachteilen, Risiken und Unvorhersehbarem schützen.
Gesundheit	Gesund zu leben und keinen Unfall zu erleiden ist wichtig für alle, die von diesem Motiv gesteuert werden. Sie möchten Gefahren für die eigene Gesundheit abwenden.
Soziales	Bei wem dieses Motiv vorherrschend ist, der denkt an andere. Er tut etwas für andere, sein Denken dreht sich nicht um ihn selbst. Das Gemeinwesen Mensch meldet sich.
Entdeckung	Erleben, mehr sehen, dabei sein und nichts verpassen. Neues entdecken, den Gesichtskreis erweitern – das möchte man, wenn einen dieses Motiv steuert.

Kapitel 4

Ihr Auftritt – so nehmen Sie Ihr Publikum für sich ein

- Wie Sie sprechen und auftreten, bestimmt wesentlich den Erfolg Ihrer Präsentation oder Moderation. Eignen Sie sich in diesem Kapitel die Grundzüge erfolgreicher Rhetorik an.

- Rhetorische Stilmittel überzeugen nur dann, wenn Sie als Redner authentisch sind. Zeigen Sie dem Publikum Ihr Engagement für das Thema, dann ist Ihnen eine positive Reaktion sicher.

- Die Wahl Ihrer Kleidung sollte auf den Anlass Ihres Vortrags sowie auf Ihre Zuhörer abgestimmt sein.

- Bleiben Sie in Ihrer Sprache einfach, prägnant und eindeutig. Versuchen Sie, Ihr Publikum auch emotional anzusprechen.

Ihr Auftritt – so nehmen Sie Ihr Publikum für sich ein

»Sprich, damit ich dich sehe.« (Sokrates)

Rhetorik ist die Lehre von den Grundsätzen, Formen und Bedingungen der freien Rede. Und Rhetorik ist doch noch mehr: die Lehre von der Ausstrahlung des Menschen.

Die Rhetorik hilft, die eigene Wirkung zu verstärken, die positiven Ressourcen, die jeder Mensch hat, persönlichkeitsgerecht zu optimieren und die Kommunikation mit den Mitmenschen zu verbessern.

Sprechen-Können ist die Basis

Rhetorik ist die Grundlage jeder Präsentation und Moderation. Zwar sind Präsentationen und Moderationen mehr als nur eine mit Medien gestaltete Rede; der Dialog mit dem Publikum steht viel stärker im Vordergrund. Die Voraussetzungen für Ihre rhetorische Leistung sind jedoch in Rede, Moderation und Präsentation gleich.

Ausstrahlung und Überzeugungskraft der Menschen, die vor einem Publikum stehen, sind unterschiedlich. Die positivste Wirkung werden diejenigen erzielen, die »ja« zu sich selbst sagen. Von dieser Selbstbejahung hängt ab, ob das Verhalten ehrlich und natürlich oder gekünstelt und gespielt wirkt.

Engagement ist entscheidend

Besonders für die rhetorische Komponente der Präsentation gilt: Das Publikum muss Ihr Engagement spüren. Das ist nur möglich, wenn Sie eine positive Einstellung zur Situation haben und sich mit dem Thema Ihrer Präsentation oder dem Unternehmen, das Sie vertreten, identifizieren.

In Ihrem verbalen und nonverbalen Auftritt spürt Ihr Publikum immer Ihre emotionale Situation. Leises, monotones Sprechen, ein unruhiger Stand und fahrige Gesten – das wirkt unsicher und wenig überzeugend. In einer Moderation wird es dann schwer, eine starke, positive Aktivität in der Gruppe auszulösen. In einer Präsentation gehen Ihre Inhalte vermutlich verloren, auch wenn Sie einwandfrei argumentieren und optisch ansprechende Medien einsetzen.

Mindestens genauso wichtig wie der Inhalt Ihrer Präsentation ist Ihr Engagement.

Lassen Sie daher eigene positive Stimmungen zu, damit Sie auch beim Publikum positive Emotionen erzeugen können. Manche Redner bringen sich vor einer Präsentation oder einem Vortrag mit einer passenden Musik in Stimmung, die sie sich unmittelbar vorher über Kopfhörer anhören.

> Wenn Sie in einer Präsentation eine hohe gefühlsmäßige Übereinstimmung mit Ihrem Publikum erzielen, werden Sie sich vermutlich auch in der Sache einigen können. Wenn jedoch kein emotionaler Draht besteht, sind Ihre Aussichten auf Erfolg nicht sehr groß, auch wenn Sie beim Thema mit dem Publikum einer Meinung sind.

Die Zuhörer begeistern

Der erste Schritt zur emotionalen Übereinstimmung muss von Ihnen kommen. Entwickeln Sie durch die Macht des Wortes die Emotionen Ihres Publikums. Führen Sie die Gedanken Ihrer Zuhörer durch eine farbige Welt, gemalt mit Ihren Worten.

Geben Sie den Ohren Augen.

Und drücken Sie auch nonverbal aus, was Ihnen am Herzen liegt – durch Lächeln, eine sichere Körperhaltung und eine natürliche, lebendige Gestik. Die ersten Schritte sind nicht schwer. Im Gegenteil: Sie werden schnell Fortschritte machen, wenn Sie die Empfehlungen dieses Kapitels beherzigen. Damit die ersten Schritte zur Meisterschaft führen, reicht es nicht, nur zu lesen. Sie müssen das theoretisch Erlernte in die Praxis umsetzen und üben, üben, üben.

Nehmen Sie sich nach jeder Moderation und Präsentation einen Moment Zeit, um Ihre Sprechleistung und Ihre Körpersprache zu beurteilen. Sie werden leicht Punkte finden, die Ihnen gut gefallen haben und die Sie wiederholen wollen, und ebenso Aspekte, die Sie das nächste Mal anders machen möchten.

Gute Dichter werden geboren ... gute Redner erübt.

So gewinnen Sie die Aufmerksamkeit Ihrer Zuhörer

Jeder Redebeitrag hat einen Einstieg, einen Hauptteil und einen Schluss. Diese Tatsache scheint manchen Rednern gar nicht bewusst zu sein. Warum sonst beginnen so viele Präsentationen mit nichts sagenden, floskelhaften Worten?

Etwas Interessantes zu Beginn des Vortrags!

Die Aufmerksamkeit Ihres Publikums hängt stark vom Zeitpunkt ab, an dem Sie einen Gedanken aussprechen. Der Inhalt des Gesagten ist dabei sekundär.

Die natürliche Aufmerksamkeit der Zuhörer ist am Anfang eines Redebeitrags am größten. Danach sinkt die Konzentration mit der Zeit ab – bis sie mit den letzten Worten wieder ansteigt. Diese letzten Worte haften besonders gut im Gedächtnis des Publikums, vor allem dann, wenn der Redner angekündigt hat, dass er zum Schluss kommt.

Lernen Sie wichtige Punkte Ihrer Präsentation auswendig, z. B. die ersten Sätze, mit denen Sie vor Ihr Publikum treten.

> **Der erste Eindruck prägt, der letzte Eindruck bleibt.**

Da die natürliche Konzentration des Publikums zwischen Einstieg und Schluss abnimmt, müssen Sie dagegen ansteuern. Gewinnen Sie die Aufmerksamkeit Ihrer Zuhörer immer wieder neu. Das gilt auch für Moderationen, wenn das Interesse am Thema und die Aktivität in der Gruppe nachlassen. Lenken Sie dann sprachlich prägnant die Aufmerksamkeit wieder auf den Inhalt und fokussieren Sie so den Prozess.

Doch wie lässt sich Aufmerksamkeit gewinnen? Dazu können Sie eine Menge tun, zum Beispiel:

- eine lange Sprechpause machen,
- die Lautstärke deutlich erhöhen,
- die Lautstärke deutlich reduzieren,
- einen Witz erzählen,
- das Publikum provozieren,
- mit eindringlichen Worten eine gefühlvolle Geschichte erzählen,
- mit dem Stift laut gegen das Flipchart schlagen,
- den Tageslicht-Projektor einschalten.

Es gibt viele verschiedene Arten, Aufmerksamkeit zu gewinnen. Nicht jedes Mittel ist in jedem Falle geeignet, um positive Reaktionen zu erzielen. Es ist eine Frage von Fingerspitzengefühl, die Konzentration des Publikums zu lenken, ohne abzulenken oder gar Zuschauer mit unbedachten Äußerungen oder schlechten Scherzen zu verärgern.

Eines klappt jedoch nicht: zu versuchen, ganz unauffällig Aufmerksamkeit zu erreichen. Die bewusst gesteuerte Provokation gehört zum Handwerk eines Präsentators und Moderators. Durch Unauffälligkeit positiv aufzufallen ist dagegen ein Widerspruch in sich.

Es gibt kein Patentrezept, um die Aufmerksamkeit der Zuhörer zu gewinnen. Gehen Sie individuell auf jede Situation ein.

Das Wichtigste zuerst

Da die Aufmerksamkeit des Publikums zu Beginn am größten ist, präsentieren Sie den wichtigsten inhaltlichen Punkt zuerst. Die höchste inhaltliche Bedeutung unterstreichen Sie durch höchstes sprachliches Gewicht. Feilen Sie daher die ersten Sätze Ihrer Moderation oder Präsentation genau aus und lernen Sie sie auswendig. Das gibt Ihnen Sicherheit und Überzeugungskraft.

Zu Beginn ist es wichtig, Neugierde auf das Thema zu wecken. Sprechen Sie über Dinge, die etwas mit dem direkten Arbeitsalltag oder der aktuellen Situation des Publikums zu tun haben. Holen Sie es dort ab, wo es steht: mit plastischen Schilderungen, die direkt an die Welt der Zuhörer anknüpfen.

Es kann eine gute Idee sein, mit einem Witz oder einer Anekdote zu starten. Ein Gag, der zündet, gibt Ihnen ein gutes Gefühl und bringt Ihr Publikum in positive Stimmung. Die Pointe sollte jedoch direkt etwas mit Ihrer Präsentation zu tun haben. Sonst müssen Sie noch einmal von vorne anfangen, wenn sich das Lachen gelegt hat.

Kleidung – Ihre persönliche Darstellung in der Präsentation

Die bisherigen Kapitel haben gezeigt: Präsentationen und Moderationen erfordern intensive Vorbereitungen. Oft wird dabei vergessen, dass letztendlich Sie derjenige sind, der die Hauptrolle übernimmt. Die eigene Darstellung und damit die Repräsentation Ihrer Persönlichkeit spielt eine erhebliche Rolle. Ohne persönlich überzeugende Wirkung wird der größte Teil Ihrer fachlichen Vorbereitung verpuffen.

Ein großer Vorteil: Auch wenn Sie für eine Präsentation oder Moderation niemals alles planen können, Ihre Kleidung lässt sich sehr wohl planen.

> Der Dreh- und Angelpunkt in der Präsentation ist der Mensch – sind Sie. Und für den ersten Eindruck gibt es keine zweite Chance.

Warum es lohnt, sich Gedanken über Kleidung zu machen

Wenn wir einem Menschen begegnen, haben wir aus der Art und Weise, wie er sich gibt (Körpersprache) und wie er sich kleidet, innerhalb der ersten sieben Sekunden ein Bild seines Charakters gefertigt. Dabei nehmen wir unbewusst viele Details wahr und ordnen das gesamte Bild in eine bereits bestehende Schublade.

Ein Bild sagt mehr als 1000 Worte.

Bedenken Sie dabei, dass nonverbale Aspekte oft mehr aussagen als die verbale Kommunikation. Auch Sie geben daher Ihrer Umgebung selbst die Brille in die Hand, durch die Sie gesehen werden. Die ersten optischen Wahrnehmungen sind Informationen über Kleidung, Frisur und andere äußere Details.

Image

Unter Image verstehen wir die öffentliche Meinung über eine Person, das Persönlichkeits- und Charakterbild. Image wird geprägt durch:

- Äußeres zu 55 %,
- Auftreten zu 38 %,
- Aussage zu 7 %

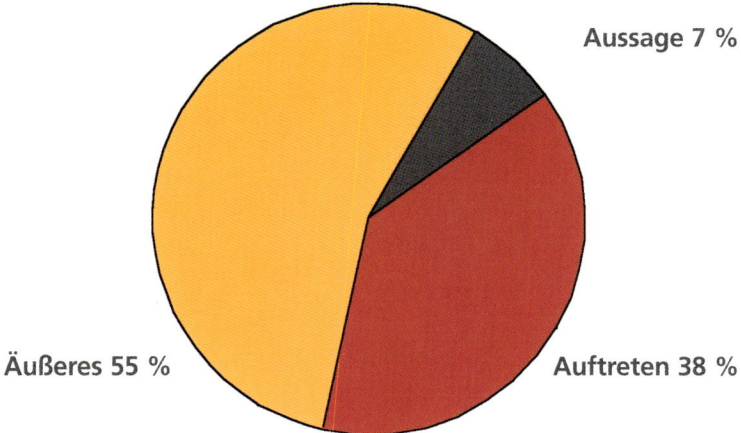

Äußeres 55 %   Auftreten 38 %   Aussage 7 %

Ihre Kleidung kann daher ein weiterer Erfolgsfaktor für Ihre Präsentation sein. Menschen hören mit größerer Aufmerksamkeit zu, lassen sich schneller und leichter positiv beeinflussen, wenn ihnen die präsentierende Person optisch (kontextbezogen) authentisch erscheint.

Mit der gleichen Sorgfalt, mit der Sie Ihre Präsentationen vorbereiten, sollten Sie an Ihrer persönlichen Darstellung durch Ihre Kleidung arbeiten und sich rechtzeitig ein dem Anlass entsprechendes Outfit besorgen. Warten Sie niemals bis zum letzten Tag, um dann womöglich unter Zeitdruck die falsche Entscheidung zu treffen.

Ihr Ziel sollte es sein, Ihre Präsentation durch eine gelungene Selbstdarstellung zu unterstützen und als professionelle Persönlichkeit wahrgenommen zu werden, nicht aber als Schauspieler oder Verkleidungskünstler.

Wer dem Auge nicht gefällt, dem wird das Ohr nicht geschenkt.

Kleidungsauswahl

Folgende Aspekte gilt es bei der Kleidungswahl immer zu berücksichtigen:

- Farben
- Formen
- Stil
- Modetrends

Genau wie bei der inhaltlichen Vorbereitung Ihrer Präsentation stellen Sie sich bezüglich Ihrer Kleidungswahl die folgenden Leitfragen:

- »Vor wem?«
- »Was?«
- »Wann, wo und unter welchen Umständen?«

Wenn Sie diese Fragen für sich beantworten, wird es Ihnen leicht fallen, die für Ihre Zuhörer passende Kleidung zu finden.

Leitfrage »Vor wem?«

Auch wenn Sie nicht genau wissen, wir Ihr Publikum zusammengesetzt ist, haben Sie in der Regel dennoch grobe Anhaltspunkte. Unterscheiden Sie nach den folgenden Kriterien: Alter, Kontext/Kultur, soziale Zugehörigkeit, H.D.I.®-Modell (vgl. Seite 18 ff.).

Orientieren Sie sich bei der Kleiderwahl auch am Alter des Publikums.

Sind Ihre Zuhörer jünger als Sie, macht es Sinn, sich in der Kleidungswahl etwas anzugleichen. Das Kostüm oder der Anzug in Grau oder Schwarz schafft im Allgemeinen eine zu große Distanz zwischen Ihnen und Ihren Zuhörern. Diese Distanz kann durch Wissensunterschiede noch verstärkt werden. Treten Sie allzu modisch auf, besteht die Gefahr, dass Sie unseriös wirken. Auf eine Respekt einflößende Wirkung sollten Sie dennoch nicht verzichten. Das heißt, ein wenig gehobener als Jeans und Pulli sollte die Kleidung sein, das Jackett oder der Blazer ist ein Muss.

Sind Ihre Zuhörer reifere Personen, werden sie sich eher durch klassischen Kleidungsstil und klassische Kleidungsfarben positiv beeinflussen lassen.

Auch wenn das Publikum selbst weniger gut gekleidet ist, hat es eine gewisse Erwartungshaltung an Sie, den Präsentator, die es zu erfüllen gilt. In einer solchen Situation ist der gut sitzende Anzug oder das gut sitzende Kostüm in klassischem Grau oder Blau ein professionelles Werkzeug für eine gelungene Präsentation. Schwarz als Kleidungsfarbe kann jedoch eine Blockade zwischen Ihnen und dem Publikum aufbauen. Diese Farbe hat vorwiegend im festlichen Kontext ihre Daseinsberechtigung.

Die Wahl der Hemdfarbe und der Krawatte oder bei Damen der Accessoires wie Tuch oder dezenter Schmuck und Make-up hilft die persönliche Note und damit Ihre authentische Wirkung zu unterstreichen.

> Ihr Publikum sollte sich mit Ihnen weitgehend identifizieren können.
> Die passende Kleidung wirkt dabei unterstützend.

Wissensstand der Zuhörer

Ist Ihre Präsentation für ein Fachpublikum geplant, dürfen Sie Ihre Professionalität auch durch Kleidung unterstreichen. Ihr Outfit darf formell wirken, die Farben kontrastieren. Damit unterstützen Sie nonverbal Ihre Respekt einflößende Wirkung.

Ist Ihr Publikum dagegen weit von Ihrem Wissensstand entfernt oder wenig über Ihr Thema informiert, empfiehlt es sich, Kleidung zu tragen, die zugänglich wirkt. Wählen Sie ein durchaus formelles Outfit, vermeiden Sie aber zu starke Kontraste in den Farben. Der Erfolg einer Präsentation (und mehr noch bei einer Moderation) hängt auch davon ab, inwiefern Ihr Publikum sich traut, Ihnen Fragen zu stellen. Eine zugängliche Ausstrahlung stärkt bei Ihren Zuhörern die Grundhaltung, Ihnen zu vertrauen.

Leitfrage »Was?«

Diese Frage richtet sich an Sie selbst und soll Sie motivieren, sich zu überlegen, was Sie darstellen, welches (Charakter-)Bild Sie vermitteln möchten. Ein König muss aussehen wie ein König, damit er seiner Rolle auch optisch gerecht wird. Wählen Sie Ihren Kleidungsstil und Ihre -farben entsprechend der von Ihnen angestrebten Ziele. Was Sie anhaben, sollte eine hilfreiche Unterstützung Ihrer Arbeit sein, keine Verkleidung. Ihre Rolle als Fachmann oder als Fachfrau auf einem bestimmten Gebiet sollten Sie daher mit einem professionellen Outfit betonen.

Legen Sie vor allem Wert auf das Image »kompetent«, dann beachten Sie bitte die folgenden Punkte:

- Wählen Sie eine auf Ihre Figur abgestimmte Passform der Kleidung. Zu enge Kleidung vermittelt das Image eines Geizkragens oder bei den Damen das Image eines »sexy girls«. Zu weite Kleidung lässt Sie unordentlich wirken, rasch entsteht der Eindruck »unzuverlässig«.
- Bevorzugen Sie hochwertige Stoffe für Anzüge, Hosenanzüge und Kostüme. Vermeiden Sie Materialien, die leicht knittern oder stark glänzen.
- Bleiben Sie in Rufweite hinter der Mode. Hochmodische Kleidung kann, vor allem im seriösen Businessbereich, ein Kompetenzkiller sein.
- Überprüfen Sie in regelmäßigen Abständen Ihren Kleiderschrank und ersetzen Sie altmodische Kleidung rechtzeitig durch neue. Sie wollen doch nicht »Opa« oder »Oma« in Ihrer Präsentation darstellen, oder? Außerdem kann veraltete Kleidung als Beleidigung Ihres Publikums verstanden werden. Sie wird als mangelnde Wertschätzung aufgefasst.

Ist Ihr bevorzugtes Image während der Präsentation das einer Führungspersönlichkeit?

Hier gelten dieselben Regeln wie für das Image »kompetent«, darüber hinaus sollten Sie allerdings noch stärker die Farbwahl Ihrer Kleidung berücksichtigen:

- Je dunkler Ihre Kleidung, umso formeller und dominanter ist Ihre persönliche Wirkung. Für eine optische Führungsrolle sind dunkle Farben erforderlich. Hemden oder Blusen dürfen sich farblich stark von Ihrem Anzug oder Kostüm abheben.
- Je heller Ihre Kleidung, umso legerer ist Ihre persönliche Wirkung.
- Vorsicht! Sind Ihre Kleidungsfarben wesentlich dunkler, als Ihr persönliches Kolorit es verträgt, können diese Farben Sie blass erscheinen und wenig authentisch wirken lassen.

Beispiele für die Wirkung von Farben und Kontrasten – links eine formelle Wirkung, rechts dagegen wirkt eher leger und zugänglich.

85

Leitfrage »Wann, wo und unter welchen Umständen?«

In einem Umfeld unpassende Kleidung lässt Sie wie ein »fremder Vogel« wirken. Präsentieren Sie in einem Hotel mit einem anspruchsvollen Ambiente, passen Sie Ihre Kleidung entsprechend an. Wählen Sie klassische oder sportlich klassische Kleidung, je nach Publikum und Ziel, meiden Sie ein saloppes oder unsauberes Outfit. Sie werden dadurch nicht nur vom Auftraggeber und von Ihren Zuhörern wertgeschätzt, sondern auch vom Personal im Hotel entsprechend wohlwollend bedient.

Sie können nicht nicht wirken.

Eine Präsentation in den firmeneigenen Räumen erfordert Fingerspitzengefühl für den Kleidungsstil. Eine gewisse Dominanz dürfen Sie ausstrahlen, auf sehr elegante Kleidung sollten Sie jedoch verzichten, wenn Ihr Publikum Sie sonst in Alltagskleidung kennt.

Ausnahme: Halten Sie Ihre Präsentation in Firmenräumen aufgrund eines festlichen Anlasses, wählen Sie eine Kleidung, die offiziellen Zwecken angemessen ist. Bevorzugen Sie dunkle Farben und einen klassischen Stil. Hier underdressed zu sein, würde Ihnen schnell ein unsicheres Gefühl vermitteln. Und Unsicherheit ist ein Erfolgskiller.

Sollten Sie am Abend präsentieren oder moderieren, bedenken Sie, dass Ihre Zuhörer oft schon einen langen Arbeitstag hinter sich haben. Die Aufmerksamkeit wird gemäßigt sein, auch wenn dies vom Publikum unbeabsichtigt ist. Setzen Sie in einem solchen Fall bewusst Farbakzente und wählen Sie Kontraste so, dass sie die Aufmerksamkeit auf sich lenken. Das Publikum kann Ihnen dann leichter folgen. Für die Herren könnte dies eine rote Krawatte oder ein roter Pullover sein, für die Damen ein farbiges Kostüm oder ein Hosenanzug. Ein Eyecatcher, beispielsweise ein Farbtupfer in Form eines passenden Schals, kann Ihre Erscheinung stärken.

Meiden Sie jedoch auch abends Leuchtfarben auf großen Flächen, sie schaden Ihrer professionellen Wirkung.

Die Wahl der Kleidungsfarben

Farben haben eine stärkere Wirkung auf uns und unser Umfeld, als uns in der Regel bewusst ist. Sie können mit der entsprechenden Farbwahl Ihre Umwelt beleben, sich stärken oder im Hintergrund bleiben. Das ist mehr, als modische Akzente zu setzen, denn jede Farbe hat eine einzigartige symbolische und psychologische Bedeutung.

Gelb und Orange – die Farben der Sonne und des Vergnügens

- Lässt Sie heiter, aktiv und gelöst erscheinen. Passt gut, wenn Sie mit Kindern arbeiten.
- Eine gelbe Krawatte – passend im gesamten Farbkontext – wirkt verbindlich und zugänglich.
- Vermeiden Sie diese Farben auf größeren Flächen, wenn Sie eine sehr professionelle Wirkung im klassischen Businessbereich erzielen möchten – Sie wirken darin nicht seriös genug.

Grün – die Farbe des Lebens

- Wird assoziiert mit Ordnung und Verlässlichkeit.
- Meiden Sie diese Farbe, wenn Sie Aktivitäten bei Ihrem Publikum auslösen möchten.

Dunkles Violett – wird oft als klerikale Farbe wahrgenommen

- Vermittelt sowohl Macht und Dominanz als auch Professionalität.
- Vermeiden Sie diese Farbe, wenn Sie für Ihr Publikum zugänglich wirken möchten.

Dunkles Braun – die Farbe der Zuverlässigkeit und der Konservativität

- Oft eine Modefarbe, die auch im Business und für Präsentationen gerne eingesetzt wird. Mittlere Brauntöne unterstützen die Zugänglichkeit und wirken »gesellig«.
- Vermeiden Sie diese Farben in einem festlichen Umfeld.

Blau – die Farbe des Vertrauens

- Tiefdunkles Blau erweckt Hochachtung und ist empfehlenswert, wenn Sie in offizieller Mission auftreten.
- Wirkt klassisch und angepasst.

Grau – ist die professionelle Businessfarbe schlechthin

- Wirkt freundlicher als Schwarz.
- Geben Sie immer Ihre individuelle Note zu dieser Farbe durch entsprechende Zusatzfarben und Accessoires, sonst kann sie langweilig wirken.

Rot – die Farbe der Leidenschaft

- Lenkt Aufmerksamkeit auf sich.
- Kann Ihnen Energie verleihen, wenn Sie müde sind, oder verhilft zu größerer Aufmerksamkeit seitens Ihres Publikums.
- Geeignet für eine Abendpräsentation. Allerdings können die Herren diese Farbe im formellen Bereich lediglich für ihre Krawatte nutzen.

> Je größer Ihr Publikum ist, umso mehr Kontraste setzen Sie in Ihrer Kleidung. Damit sind Sie auch von weitem noch gut erkennbar.

Die vier Dimensionen der Verständlichkeit

Die erste Hürde – den Einstieg und die angemessene Kleidung – haben Sie bewältigt. Jetzt kommt es darauf an, Ihrem Publikum Ihr Anliegen verständlich zu machen, es inhaltlich und emotional zu überzeugen.

Verständlichkeit ist keine Zauberei. Es gibt eine Reihe gut gesicherter Erkenntnisse darüber, wie Sie sich sprachlich ausdrücken sollten, damit Ihr Publikum Sie gut versteht. Man spricht von den vier Dimensionen der Verständlichkeit.

Die vier Dimensionen der Verständlichkeit

1. Gliederung
2. Einfachheit
3. Prägnanz
4. Stimulanz

Gliederung

Bieten Sie Ihrem Publikum Strukturen in Form von Gliederungen, Abläufen und Übersichten an. Besonders hilfreich ist dies am Anfang, gleich nach dem Einstieg. Sagen Sie dem Publikum, welche Punkte Sie wann ansprechen und wo Sie Schwerpunkte setzen werden.

Die Zuhörer sitzen mit allen möglichen Erwartungen vor Ihnen, die sich in Enttäuschung verwandeln können, wenn erst nach der Moderation oder Präsentation klar wird, dass Vorstellungen nicht erfüllt wurden. Ist dagegen gleich zu Beginn klar, worüber Sie sprechen (und damit auch, worüber nicht) und was Sie von den Teilnehmern einer Moderation erwarten, kanalisieren Sie die Erwartungen Ihres Publikums so, dass sie auch erfüllbar werden.

Die gedankliche Orientierung Ihrer Zuhörer wird erheblich erleichtert, wenn ihnen Ihre Gliederung ständig vor Augen steht. Sie können z. B. die Haupt-Gliederungspunkte auf ein Flipchart schreiben. Damit diese Agenda nicht verschwindet, wenn Sie im Laufe Ihrer Präsentation mit dem Flipchart arbeiten, hängen Sie sie gut sichtbar auf.

Im Verlauf der Veranstaltung können Sie dann immer wieder auf die Gliederung verweisen: »Nachdem wir Punkt 2 geklärt haben, komme ich jetzt zu Punkt 3.« Diese Agenda hilft Ihnen auch, wenn durch Diskussionen und Zwischenfragen der rote Faden Ihrer Argumentation verloren zu gehen droht oder wenn bei einer Moderation die Gruppe zu lange an einem Punkt arbeitet. Außerdem können Sie immer zeigen, welche Punkte schon abgeschlossen sind, wo Sie derzeit stehen und welches Pensum noch vor Ihnen liegt. So machen Sie deutlich, dass ein eventueller Zeitdruck nicht von Ihrer Person ausgeht, sondern der Sache entspringt.

Möglichkeiten der Strukturierung

Mit einer klaren Struktur hat Ihr Publikum immer einen roten Faden, an dem entlang es Ihrer Präsentation folgen kann.

Es ist günstig, den zeitlichen und inhaltlichen Ablauf am Anfang einer Präsentation zu skizzieren – zumindest mit Worten. Besser jedoch mit einer visualisierten Übersicht, die Sie während Ihrer Präsentation sichtbar lassen. Belassen Sie es nicht nur dabei, sondern bieten Sie im weiteren Verlauf Ihrer Präsentation immer wieder Strukturen, auf die die Gedanken Ihres Publikums aufspringen können wie auf einen Zug, der einem Gleis folgt, z. B. durch Strukturmerkmale auf Folien, Charts, Dias etc.

> **Hilfreiche Strukturen erzeugen Sie nicht nur durch Gliederungen, sondern auch durch die Anordnung Ihres Materials:**
>
> - vom Kleinsten zum Größten oder umgekehrt,
> - nach chronologischen Gesichtspunkten (wie ist das Projekt entstanden, wo steht es aktuell, was soll in Zukunft sein),
> - von Ursachen zu Konsequenzen,
> - unter logischen Aspekten (z.B. durch Anordnung als Entscheidungsbaum).

Heben Sie das hervor, was besonders wichtig ist, und machen Sie Zusammenhänge deutlich. Bei längeren Präsentationen kann es sinnvoll sein, gelegentlich kurze Zusammenfassungen des Gesagten zu geben. So sind alle Zuschauer »up to date«, auch wenn zwischendurch manche Gedanken abgeschweift waren.

Einfachheit

Die Aufnahme von gesprochener Sprache und Schriftsprache unterscheidet sich erheblich. Reden Sie daher nicht wie ein Gelehrter, sondern wie ein Durchschnittsmensch, bei dem jeder alles gut verstehen kann. Ein komplizierter Satzbau und Fremdworte grenzen aus.

Bilden Sie kurze Sätze, denn Einfaches wird besser verstanden als Kompliziertes. Bei gesprochenen Sätzen mit mehr als 13 Worten hat ein durchschnittliches Publikum bei Ihrem letzten Wort Teile des Satzes bereits wieder vergessen und die Aufmerksamkeit haftet bei der Rekonstruktion Ihres Satzbaus.

Wer so spricht, dass er gut verstanden wird, spricht gut.

Setzen Sie Fremdworte nur dann ein, wenn Sie sicher sind, dass sie jeder der Zuhörer versteht. Erklären Sie Fachausdrücke, auf die Sie nicht verzichten können. Für nahezu alle Fremdworte, die nicht zu einer Fachsprache gehören, lassen sich auch Ausdrücke der Umgangssprache finden.

Prägnanz

Präsentationen sind nur selten zu kurz, denn für den Vortragenden ist die eigene Präsentation natürlich sehr wichtig. Er hat viel Zeit und Arbeit investiert, die nun endlich auch für andere sichtbar werden sollen. Das Publikum dagegen hat noch andere Dinge zu erledigen und empfindet Präsentationen oft als zu lang.

Manche glauben, Ihr Vortrag wird besser, wenn sie mehr Fakten und Informationen präsentieren. Doch wichtiger als zahllose Daten und weitschweifige Erklärungen ist das Aufzeigen von Nutzen. Sie sollen die Sache »genau treffend« darstellen, sie auf den Punkt bringen.

Machen Sie Ihre Ziele und Absichten deutlich und ermöglichen Sie dem Publikum Einsichten in Zusammenhänge. Wenn der Nutzen sichtbar ist, werden die Inhalte verstanden. Diesen Effekt kennen wir aus der Schule: Unterrichtsstoff, bei dem der Nutzen einsehbar war, lernte sich leichter; besonders schwer wurde es dann, wenn gar kein Bezug zum praktischen Leben erkennbar war.

Stimulanz

Zuhörer finden Sachverhalte interessanter und verstehen Informationen besser, wenn Sie von der Präsentation auch emotional berührt, »stimuliert« werden. Suchen Sie daher nach ergänzenden Beispielen aus der Lebenswelt Ihrer Zuhörer, um den Kontakt zu verbessern.

Eine gute Strategie ist es, das Publikum direkt durch Fragen einzubeziehen. Wenn Sie z. B. die Frage nach den Urlaubsplänen in die Runde stellen, werden Ihnen mit Sicherheit Reiseziele aus aller Welt genannt. Dieses »Ergebnis« können Sie dann als Beleg für die zunehmende Globalisierung aufgreifen und fortführen (»Und wer von Ihnen hat vor 15 Jahren Urlaub außerhalb Europas gemacht?«).

Die bestimmt wirkungsvollste Stimulanz wird leider oft vernachlässigt: Lob und Anerkennung. Sagen Sie dem Publikum etwas Nettes, ohne in haltlose Übertreibungen oder Floskeln abzugleiten (»Sie sind wirklich das beste Publikum, das ich bislang hatte« – das wirkt reichlich abgestanden).

Stimulierende Abschlusssätze

Besonders wichtig ist die Stimulanz am Ende Ihrer Präsentation. Der Schluss soll wirken, nämlich etwas bewirken. Bringen Sie Ihre Zuhörer in Bewegung, indem Sie Sätze formulieren, die zu Handlungen motivieren:

- »Zeichnen Sie noch heute Profimax-Wertpapiere, wenn Ihnen die Rendite am Herzen liegt.«
- »Leben Sie in Zukunft gesünder, essen Sie Labsan.«
- »Wenn Sie morgen Ihr Kreuz machen, denken Sie daran: Sie entscheiden über das Schicksal dieses Landes.«

Wie Sie am letzten Beispiel sehen, können Sie Ihr Publikum auch zum Nachdenken oder sorgfältigen Abwägen auffordern. Gerade die letzten Worte bleiben im Gedächtnis Ihres Publikums haften.

Wenig dynamisch wirken typische Danksagungen zum Abschluss. »Vielen Dank für Ihre Aufmerksamkeit« ist nur die höfliche Formulierung von »Schön, dass Sie trotz meines langweiligen Vortrags nicht eingeschlafen sind.«

Checkliste: Die vier Dimensionen der Verständlichkeit

Gliederung und Ordnung	erledigt	noch zu erledigen	Beispiele
Gebe ich dem Zuhörer Orientierungshilfen?			
Schaffe ich gedankliche Übersichten?			
Gebe ich eine Ankündigung, wie ich vorgehen werde?			
Hebe ich wichtige Stellen hervor?			
Folgt meine Präsentation einem logischen Ablauf?			
Mache ich Querverbindungen deutlich?			
Einfachheit			
Verwende ich verständliches Deutsch?			
Formuliere ich kurze Sätze?			
Verwende ich bekannte Wörter?			
Erkläre ich Fach- und Fremdwörter?			
Nutze ich »Bilder« zur Anschaulichkeit?			
Kürze und Prägnanz			
Gelingt es mir, mit wenigen Erklärungen viel Nutzen aufzuzeigen?			
Schaffe ich Erkenntnisse und Einsichten?			
Entwickle ich aus Textinhalten Grafiken?			
Beschränke ich mich aufs Wesentliche?			
Zusätzliche Stimulanz, Anregung			
Welche Fragen stelle ich, um Interesse zu wecken?			
Motiviere ich durch Lob und Anerkennung?			
Formuliere ich einen wirkungsvollen Schlusssatz?			
Verwende ich akustische, kinästhetische etc. Anreize?			

Gelungene Körpersprache

Die Inhalte haben Sie gedanklich »festgezurrt«, der Argumentationsgang ist stringent. Nun kommt es darauf an, dieses Paket den Empfängern – Ihren Zuschauern – zuzustellen. Ob das Publikum positiv, gleichgültig oder sogar negativ reagiert, hängt jedoch nicht in erster Linie von Ihrem »Paket« ab, sondern viel stärker von der Art und Weise, in der es überbracht wird.

Das Verhalten Ihres Publikums besteht aus Reaktionen auf die Reize, die Sie mit der Präsentation geben. Man sagt, dass nonverbale Reize viermal stärker wirken als die verbalen Reize (der Inhalt). Nonverbale Reize setzen Sie mit der Körpersprache.

Körpersprache	Blickkontakt
	Mimik
	Gestik
	Körperhaltung und Stand, Distanz
Sprechtechnik	Lautstärke
	Atmung und Pausen
	Artikulation
	Modulation
	Störlaute

Blickkontakt

Der Blickkontakt ist die erste Kontaktaufnahme zwischen den Menschen. Die Zuhörer erwarten, dass der Präsentator sie anschaut. Und für ihn ist Blickkontakt wichtig, weil er durch Beobachtung des Zuhörerkreises die Signale (Zustimmung, Ablehnung, Langeweile, Unruhe) aufnehmen und sich auf die Menschen einstellen kann.

Jeder Mensch weiß um die Wichtigkeit des Blickes. Schon das Baby nimmt als erstes die Augen seiner Mutter wahr. Der Gesprächspartner erwartet, dass Sie seinen Blick erwidern, vermieden werden sollte jedoch ein starres Fixieren, der »Beuteblick«.

Lassen Sie den Blick alle fünf bis zehn Sekunden schweifen und beachten Sie nicht nur den oder die Entscheider. Achten Sie auch darauf, nicht nur zur Fensterseite oder Ihrer »Schokoladenseite« zu schauen.

Die Hauptblickrichtung in einem größeren Saal sollte am Ende des ersten Saaldrittels liegen. Wenden Sie den Kopf ruhig, nicht ruckartig, und erfassen Sie einzelne Gruppen. Ab und zu können Sie direkten Blickkontakt mit den ersten Reihen aufnehmen, um die Art der Rückmeldung zu überprüfen. Der andauernde Blick in die letzten Reihen ist sinnlos, dort sieht das niemand mehr.

Mimik

Die Mimik ist die »Sprache« unseres Gesichts. Sie spiegelt den Seelenzustand des Menschen wider. Es ist daher wichtig, dass Sie eine positive Grundeinstellung zu Ihrer Präsentationssituation gewinnen.

Die Mimik drückt Gefühle und Wertungen oft deutlicher aus als Worte – und schneller: Das Stirnrunzeln bei Zweifeln oder das Zusammenziehen der Augenbrauen bei Ärger erfolgt vor dem dazugehörigen Satz. Ebenso wie bei der Gestik können sich in der Mimik körpersprachliche Reaktionen und Worte widersprechen.

»Der schönste Anblick auf der Welt ist ein lachendes Gesicht.« (Albert Einstein)

Zeige mir, was und wie
du denkst.

Gerade im Bereich der Mimik fallen Selbst- und Fremdeinschätzung oft auseinander, denn unser Gesicht können wir fast nie beobachten, während wir sprechen. Häufig gibt es Ansteckungseffekte. Wir ahmen unbewusst die Mimik unserer Partner nach.

Unsere Mimik löst nicht nur Verhalten aus, sondern wir reagieren mit unserer Mimik auch auf Verhalten. So bilden sich mit den Jahren die Gesichtszüge der Menschen heraus, als Reaktion auf das Verhalten zwischen Mensch und Umwelt.

Identifikation mit dem Thema und Zuwendung zu den Menschen verhelfen Ihnen zu einer ansprechenden Mimik. Ziehen Sie Grimassen (»Gesichts-Aerobic«) – natürlich zu unauffälligen Zeitpunkten, nicht während einer Präsentation – damit lockern Sie die häufig verspannte Gesichtsmuskulatur auf und erzielen einen entspannten Ausdruck.

»Wer nicht lächeln
kann, sollte kein
Geschäft eröffnen.«
(Chinesisches
Sprichwort)

> Das Beste, was Sie für Ihre Mimik machen können, ist einfach mehr zu lächeln. Das Lächeln ist die einfachste Art, positiv auf Menschen zu wirken. Sie werden sehr häufig erleben, dass Ihr Lächeln erwidert wird.

Gestik

Die Menschen beurteilen nicht, wie wir sind, sondern wie wir erscheinen. Und unsere Erscheinung wird in hohem Maße von unserer Gestik geprägt.

Eine Geste ist eine Ausdrucksbewegung des Körpers, besonders der Arme und Hände. Art und Umfang der Gestik können sehr unterschiedlich sein, je nach persönlichem Temperament, sozialem Umfeld (z. B. in verschiedenen Ländern) und Anlass (Gestik der Zuschauer während eines Fußballspiels oder beim Verlesen einer Urkunde).

Im beruflichen Zusammenhang gilt die körpernah eingesetzte Gestik allgemein als die am besten wirkende. Nur ausnahmsweise sollten Gesten dabei sein, bei denen die Hände höher liegen als die Schultern. Dann sollten Sie allerdings auch etwas Besonderes zu sagen haben!

Extremer Bereich

Neutraler / positiver Bereich

Negativer Bereich

Gestik bewusst machen

Die Gestik ist immer eng mit unseren Emotionen verknüpft. Welche Emotionen wir haben, lässt sich jedoch kaum beeinflussen. Daher können wir Gesten nicht immer bewusst einsetzen, wir können sie uns aber bewusst machen. Dadurch führen wir die Gestik zunehmend in einen Bereich, der uns bewusst ist und den wir als Verhalten erleben. Und unser Verhalten können wir in einem hohen Maße bestimmen. Halten Sie stets einen Gedanken dafür »frei«, ob Ihre Gestik mit Ihrem Redeinhalt übereinstimmt.

Wenn Sie eine Gruppe von Menschen mit den Worten begrüßen: »Ich freue mich, dass Sie gekommen sind« und dabei die Armen sinken lassen, werden die Zuhörer bewusst oder unbewusst einen Widerspruch zwischen Wort und Geste registrieren. Daraus entsteht Unbehagen, wobei es gleichgültig ist, warum sich Wort und Geste widersprochen haben – aus Schüchternheit, Angewohnheit oder »schlechter Laune«.

Wenn Sie bei sich eine solche Diskrepanz zwischen Inhalt und Ausdruck wahrnehmen, haben Sie den ersten Schritt zu einer positiven Veränderung getan. Lassen Sie einfach eine lebendigere Gestik zu – Ihr Körper weiß oft besser als Ihr Kopf, was Sie in positivere Stimmung bringt. Je weniger Sie sich an ein starres Konzept oder Manuskript halten, desto natürlicher wird Ihre Gestik sein.

> **Machen Sie die Gestik zu Ihrem Verbündeten. Ist sie natürlich und lebendig, kommt das Ihrer Moderation und Präsentation zugute:**
>
> - Gestik verhindert nervöse Körperaktivitäten (»Beinarbeit«, Schulterzucken, Wippen).
> - Gestik lockert. Die Geste kommt vor dem Wort und löst somit Denkblockaden und regt die Kreativität an.
> - Gestik und Rede ergänzen sich. Die optischen Signale unserer Hände verbessern das Verstehen und machen Inhalte »begreifbar«.

Gestik bringt Emotionen in den Raum. Ihre Gefühle und Wertungen werden sichtbar, das zieht Emotionen im Publikum nach sich. Nur selten besteht die Gefahr, dass zu viele negative Gefühle sichtbar werden. Und Sie brauchen die positive emotionale Unterstützung im Publikum, sonst werden Sie Ihre Präsentationsziele nur schwer erreichen.

Körperhaltung

Die Kommunikation zwischen Ihnen und den Zuhörern beginnt, bevor Sie den ersten Satz gesprochen haben. Das Publikum beurteilt zuerst die körpersprachlichen Signale. Daher ist Ihre Haltung vor und während des Sprechens besonders wichtig.

Ihre Körperhaltung spricht eine deutliche Sprache.

Eine aufrechte und straffe Haltung signalisiert Ihre konzentrierte Zuwendung. Eine solche Stellung wird als »aktives Stehen« bezeichnet. Verteilen Sie das Körpergewicht gleichmäßig auf beide Beine. Sie vermeiden damit unruhige »Beinarbeit«, die den Zuhörer irritiert. Durch aktives Stehen verhindern Sie auch unkontrollierte Pendelbewegungen des Oberkörpers.

Suchen Sie einen »Standpunkt« und halten Sie ihn solange, wie Sie sich an dieser Stelle wohl fühlen. Wechseln Sie Ihren Standpunkt kontrolliert und achten Sie darauf, ob Sie auf das Publikum zugehen (signalisiert Suche nach Kontakt) oder zurückweichen (signalisiert Zurücknahme des Kontaktes).

Die richtige Sprechtechnik

Atmung und Pausen

Richtiges Atmen ist die Grundlage für eine klangvolle Stimme und Voraussetzung für stressarmes Sprechen. Hektisches, zu »flaches« Atmen führt zu einer gepresst klingenden Stimme, Atemnot und wachsender Nervosität. Nicht umsonst empfiehlt der Volksmund bei Aufregung: »Erst einmal tief durchatmen.« Gerade in Stresssituationen wird dem Gehirn Sauerstoff entzogen, die Denkfähigkeit lässt nach. Dem können Sie durch gezielt tiefes Atmen begegnen.

Optimal ist die so genannte »Tiefvollatmung« oder Zwerchfell-
atmung, mit der man die ganze Lungenkapazität ausnutzen kann.

Zwei Dinge sind für die richtige Atmung besonders wichtig:

- Atmen Sie durch die Nase ein, nicht durch den Mund.
- Versuchen Sie, beim Einatmen das Zwerchfell einzusetzen. Dazu müssen Sie die Bauchdecke nach unten drücken, dabei wölbt sich der Bauch leicht vor.

Sprechen können Sie nur beim Ausatmen, Sie müssen also zunächst durch tiefes Einatmen genügend Luft in die Lunge bringen. Wenn ein Atemzug beendet ist, entsteht eine natürliche Sprechpause, in der Sie erneut einatmen.

Zu schnelles, hektisches und klangarmes Sprechen entsteht, wenn der Redner versucht, die natürliche Sprechpause beim Einatmen zu unterdrücken. Er atmet nur kurz ein, um rasch weiterzusprechen. Die Folge ist häufiges, flaches Atmen.

Besser ist es, ruhiger und tiefer zu atmen. Etwas längere Sprech-pausen wirken keineswegs ungünstig, sondern helfen dem Publikum, da sie den Vortrag strukturieren und gliedern. Legen Sie am Endes eines Redeabschnitts bewusst längere Pausen ein (ein oder zwei Atemzüge lang).

Sprechen Sie auf der Luft …

Senken Sie am Ende jedes Satzes die Stimme, sonst entsteht ein ungünstig wirkender »Aufzähleffekt«. Dem Satzpunkt entspricht die kleine natürliche Pause beim Einatmen: »Punkt« = »Stimme senken, Pause«. Atmen und Sprechen müssen eine harmonische Einheit bil-den, dann erlebt Sie Ihr Publikum als klangvollen, klaren Redner.

Artikulation

Die Artikulation ist der akustische Ausdruck der Stimme: hohe und tiefe Stimmlage, Betonung von Konsonanten und Silben, Sprechtempo und Dialekt. In der Redesituation von Moderation und Präsentation müssen Sie anders artikulieren als im privaten Gespräch, vor allem in großen Räumen:

- Stimme senken,
- Mund und Lippen verstärkt einsetzen,
- Konsonanten und Endsilben betonen,
- langsamer sprechen, vor allem Wichtiges.

Durch die Nervosität, die eine Redesituation immer mit sich zieht, erhöht sich die Stimmlage. Senken Sie daher bewusst Ihre Tonlage, tiefere Stimmen haben eine psychologisch günstigere Wirkung.

Mit einer deutlichen Betonung kommen Sie viel wirkungsvoller gegen leichte Unruhe im Saal und ungünstige Akustik an als nur durch Lautstärke. Natürlich ist lautes Sprechen wichtig, aber was Sie an deutlicher Betonung hinzugeben, können Sie an Lautstärke einsparen – das schon Ihre Stimmbänder!

Eine deutliche Betonung wird durch bewussten Einsatz von Mund und Lippen erreicht. Formen Sie mit dem Mund die Laute möglichst weit »vorne«, vor allem die Vokale »u« und »o«. Versuchen Sie, ähnlich klingende Konsonanten (»g« und »k«; »b« und »p«; »d« und »t«; »f«, »v« und »w«) voneinander unterscheidbar auszusprechen. Vergessen Sie nicht, auch Endsilben zu betonen, denn die werden in der Alltagssprache häufig verschluckt.

Sprechen Sie nicht zu schnell. Sie selbst kennen Ihren Text (hoffentlich) in- und auswendig, Ihr Publikum dagegen muss sich erst »einhören«. Wichtige Worte – Namen, Daten, Zahlen, Fachworte – sollten Sie besonders langsam sprechen, um eine falsche Aufnahme zu verhindern. Wenn Ihr Publikum etwas falsch versteht, fallen die Konsequenzen auf Sie selbst zurück.

Übrigens ist es nicht wichtig, dass man hört, aus welcher Gegend Deutschlands Sie kommen. Eine gewisse landsmannschaftliche Einfärbung der Aussprache kann reizvoll sein, wenn sie zu Ihrer Persönlichkeit passt. Bei leichter Einfärbung werden die meisten Dialekte als neutral oder positiv empfunden. Es gibt jedoch einige Dialekte, die auf viele Menschen ungünstig wirken und vermieden werden sollten.

Modulation

Zu einer anregenden, fesselnden Präsentation gehört eine modulierte, d.h. bewegte, abwechslungsreiche und sinnbetonte Sprechweise. Passen Sie Klangfarbe, Tempo und Lautstärke dem Inhalt an und setzen Sie durch Spannungs- und Sinnpausen Akzente.

Wenn Sie mit Ihrer Präsentation vor der Belegschaft die Krise des Unternehmens deutlich machen, muss nicht nur der Inhalt angemessen sein, auch in Ihrem Ausdruck muss Ihr emotionales Engagement spürbar sein. Besorgnis erregende Inhalte sollten nicht mit der gleichen Dynamik verkündet werden wie sonnige Zukunftsperspektiven.

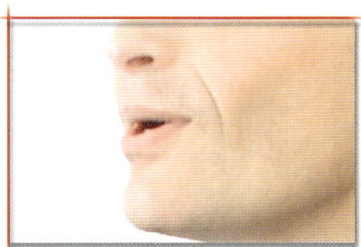 

> **Wichtige Aussagen benötigen Wirkpausen.**

Nachdenklich stimmende Passagen einer Präsentation müssen auch eindringlich vorgetragen werden: sprechen Sie leiser und langsamer und machen Sie Sinnpausen, in denen das Publikum das Gesagte nachvollziehen kann. Dynamischere Inhalte dagegen erfordern schnelleres, lauteres Sprechen in helleren Tonlagen.

Oben eine relativ monotone Modulierung, unten dagegen eine abwechslungsreiche Sprechweise.

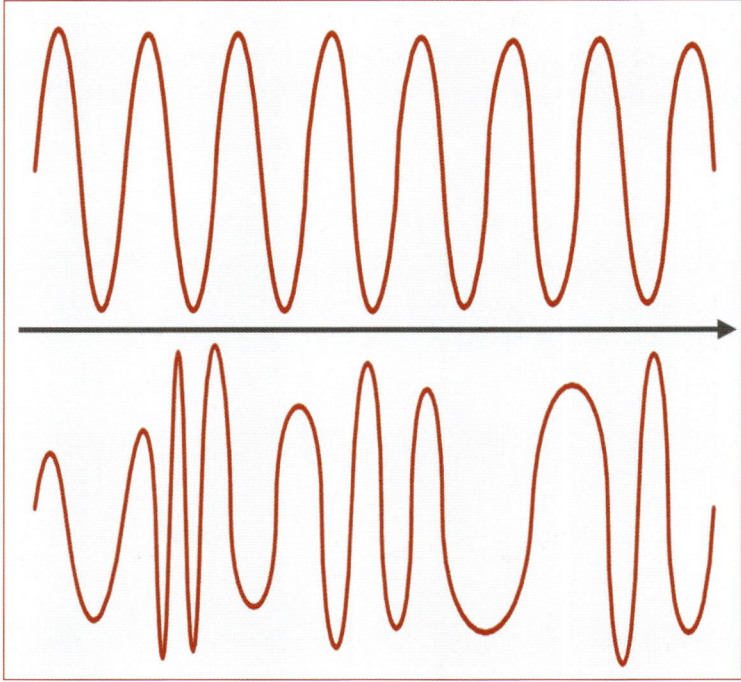

Pausen zulassen

Der Einsatz von Pausen bestimmt maßgeblich, wie spannend ein Vortrag wirkt. Eine betonte Pause vor wichtigen Worten (besonders vor den Konjunktionen »weil«, »denn«, »als« usw.) macht die Zuhörer neugierig. Damit der Punkt deutlich wird, senken Sie am Ende des Satzes Ihre Stimme. So lassen sich auch häufig die Störlaute »äh«, »mh« o.ä. vermeiden.

Scheuen Sie sich nicht, durch den bewussten Einsatz von Pausen Spannung aufzubauen. Eine sehr lange ausgehaltene Unterbrechung kann die Spannung jedoch so stark steigern, dass das Publikum unangenehm berührt wird.

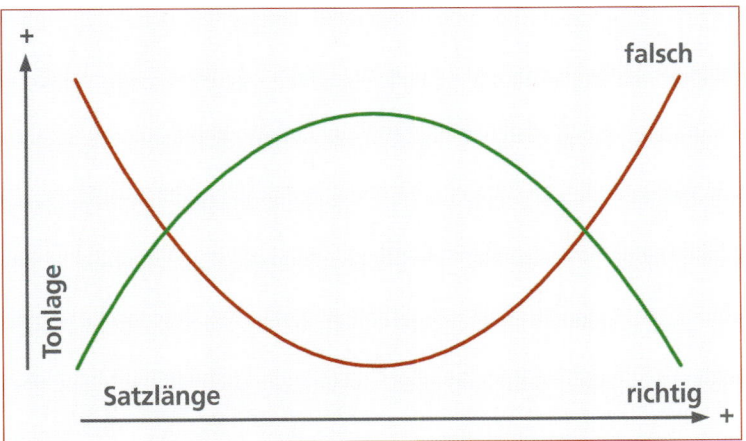

Störlaute

Unter dem Begriff »Störlaute« verstehen wir alle verbalen Äußerungen, die nicht positiv zur Aussage beitragen, sondern sie stören. Dazu zählen:

- Interjektionen (Ausrufe und Empfindungswörter, beispielsweise »äh«, »hm«, »ja«, »aha«),
- »Lieblingsworte« (beispielsweise »eigentlich«, »sozusagen«, »gewissermaßen«),
- unnötige Verwendung von Konjunktiven,
- Passivkonstruktionen und Substantivierungen.

107

Da wir, während wir sprechen, unsere Sprache nur schlecht selbst beobachten können, fällt uns die übermäßige Verwendung bestimmter Interjektionen und Lieblingsworte meistens erst dann auf, wenn wir von anderen darauf hingewiesen werden. Je später wir unsere Störlaute bemerken, desto schwieriger ist es, sie sich abzugewöhnen.

Bitten Sie einen hilfreichen Kollegen, auf Ihre persönlichen »Pausenfüller« zu achten und Ihnen ein ehrliches Feedback zu geben. Falls diese Möglichkeit nicht besteht, lassen Sie ein Tonbandgerät mitlaufen (mit Zustimmung Ihres Publikums, falls Sie Diskussionsbeiträge aufzeichnen).

Legen Sie anschließend auf einem Blatt Papier einen »Wortmülleimer« an, den Sie mit all den Worten und Äußerungen anfüllen, die Sie in Zukunft nicht mehr in einer Rede verwenden wollen.

Konjunktiv vermeiden

In der gesprochenen Sprache ist die Verwendung von Konjunktiven (Möglichkeitsform) fast immer überflüssig. In der deutschen Sprache drückt der Konjunktiv etwas Nichtwirkliches, nur Vorgestelltes aus. Es wirkt ehrlicher und sympathischer, auch unangenehme Aussagen klar und direkt auszusprechen, als sie mit dem Konjunktiv zu verweichlichen und zu verschleiern.

Mit »Weichmachern« und Konjunktiven versehene Redewendungen werden besonders gerne von Politikern gebraucht, die sich nicht festlegen wollen. Durch häufige Verwendung in den Medien werden Sprüche wie »Ich würde sagen« oder »Das Problem sollte hinterfragt werden« leider nicht origineller. Beweisen Sie Mut zur sprachlichen Kreativität und orientieren Sie sich nicht an modischen Vorbildern.

Konjunktiv	Indikativ
»Ich würde meinen, dass es sinnvoll sein könnte, einen Abbau der Überstunden ins Auge zu fassen.«	»Nach meiner Überzeugung müssen Überstunden abgebaut werden.«
»Man könnte sagen, dass die Gespräche zufrieden stellend verlaufen sind.«	»Die Gespräche sind zufrieden stellend verlaufen.«
»Ich würde vorschlagen, dass die neue Stelle nach sachlichen Kriterien besetzt werden sollte.«	»Die neue Stelle soll nach sachlichen Kriterien besetzt werden.«

Keine Substantivierungen und Passivkonstruktionen

Der natürliche, flüssige Redeverlauf wirkt durch Passivkonstruktionen und Substantivierungen so umständlich und verlangsamt wie viele Verwaltungseinrichtungen (Behörden, Versicherungen, etc.), in denen dieser Sprachgebrauch teilweise noch üblich ist.

Verwaltungsdeutsch ist immer überflüssig, vor allem in gesprochener Sprache. Leider sind auch hier Politiker und Journalisten nicht immer die besten sprachlichen Vorbilder. Eine umständliche, »gestelzte« Sprechweise soll besonders bedeutungsvoll und wichtig wirken und wird immer dann gerne eingesetzt, wenn der Redeinhalt banal ist. Bleiben Sie lieber einfach und nennen Sie einen Pudel »Pudel« – es macht gar nichts, wenn jeder Ihre Satzkonstruktion versteht.

Substantivierte und/ oder passive Form	Aktive Form
»Die Begründung der Ablehnung dieser Maßnahme liegt darin, ...«	»Diese Maßnahme ist abgelehnt, weil ...«
»Es besteht eine Sperrung der Bewilligung weiterer Projektgelder.«	»Weitere Projektgelder werden nicht bewilligt.«
»Die Verfahrensanweisungen sind genau zu beachten.«	»Beachten Sie die Verfahrensanweisungen genau.«
»Die Rückstellungen sind genau berechnet worden.«	»Wir haben die Rückstellungen genau berechnet.«

Checkliste: Persönliche Wirkung

Gesamtaufbau			
Art der Einleitung	gequält	fesselnd	verwirrend
Einzelaussage	nichts sagend	überzeugend	überflüssig
Logik der Gesamtaussage	nicht nachvollziehbar	zwingend	widersprüchlich
Schluss	unvermittelt	mitreißend	unverständlich
Gesamtwirkung	ermüdend	beeindruckend	distanziert
Rhetorik			
Initiative und Dynamik, Demonstrative Steigerung aller rhetorischen Wirkungsmittel	gering	ausgeprägt	hektisch
Aussprache	undeutlich	deutlich	überbetont
Wortwahl (Verben)	ungenau	ausdrucksstark	beengt
Wortwahl (Adjektive)	farblos	bildhaft	stereotyp
Wortwahl (Substantive)	gehäuft	treffend	ausdrucksarm
Syntax (Satzbau)	geschachtelt	prägnant	unvollständig
Körpersprache			
Haltung	verkrampft	gelockert	unruhig
Gestik, Ausdrucksbewegung von Kopf und Hand	starr	formenreich	fahrig
Mimik, Ausdrucksbewegung der Gesichtsmuskulatur	unbewegt	ausdrucksvoll	übertrieben
Blickkontakt	flüchtig	intensiv	fixierend
Stimme			
Resonanz, Klangerzeugende Schwingungen	gepresst	klangvoll	schwach
Lautstärke	zu leise	angemessen	zu laut
Pausen	überdehnt	wirkungsvoll	zu kurz
Sprechtempo	zu langsam	flüssig	hastig
Modulation, Inhaltsabhängige Stimmverfärbung	monoton	abwechslungsreich	gekünstelt
Atemtechnik	zu flach	tief	auffällig

Kapitel 5

Ihre Medien professionell einsetzen

Mit Medien können Sie den Inhalt Ihrer Präsentation visualisieren, wodurch Ihr Publikum intensiver angesprochen wird.

- Überlegen Sie genau, welches Medium
  – z. B. Flipchart, Tageslicht-Projektor oder Beamer –
  am besten zu Ihrem Vortrag passt.
  Ein durchdachter Wechsel macht Ihre Präsentation besonders lebendig.

- Setzen Sie bei der Visualisierung Farben gezielt ein und berücksichtigen Sie die Wirkung der einzelnen Töne. Generell gilt:
  Weniger ist mehr – Farben sollen Akzente setzen.

Ihre Medien professionell einsetzen

Schauen wir uns einige typische Kommunikationsprozesse der Spezies »Homo sapiens« – kurz »Mensch« – an:

- Ein Neandertaler stößt einen Schrei aus
- Wolfgang Amadeus Mozart komponiert eine Oper
- Eine Gruppe von Höhlenmenschen ritzt Jagdbilder in den Fels
- Ein Schamane trommelt
- Die aktuellen Börsendaten werden im Internet veröffentlicht
- Das Radio sendet Schlager
- Ein Journalist schreibt einen Sportbericht für die Tageszeitung
- Ein Manager präsentiert mit Folien einen Geschäftsbericht

In diesen unterschiedlichen Beispielen kommen auch Medien zum Einsatz: Internet, Radio, Zeitung (Massenmedien) und Präsentations-Medien.

Kommunikation ist heute oft mit Medien verbunden.

Durch Medien kommunizieren Menschen miteinander. Nach der Bedeutung des Wortes sind Medien »das, was in der Mitte steht« (Duden). Mit ihrer Hilfe können wir auf andere wirken, durch sie werden Gedanken, Meinungen, Informationen und Gefühle übertragen.

Da Medien und Kommunikation untrennbar verbunden sind, ist auch der Einfluss von Medien auf das Miteinander der Menschen enorm.

Informationen werden meist durch Sprache vermittelt. Mit ihr kommunizieren wir unsere rationale Seite: Strukturen, Begriffe, Regeln, Analysen. Doch dass Sprache die größte Macht hat, kann mit guten Gründen bezweifelt werden. Auf emotionaler Ebene kann Musik viel stärkere Gefühle auslösen, als Worte das erreichen. Und auch die emotionale Kraft von Bildern ist stärker als die von Sprache.

Wenn Sie vor einem großen roten Kreis stehen und über blaue Quadrate sprechen, wird der rote Kreis beim Publikum nachhaltiger haften bleiben als die blauen Quadrate. Nicht umsonst heißt es: Ein Bild sagt mehr als tausend Worte. Und die Zigarettenwerbung beweist, dass man mit wirkungsvollen Bildern Gefühle auslösen kann, die stärker sind als die Vernunft.

> Unser Verhalten wird durch Emotionen stärker bestimmt als durch Rationalität. In der Präsentation und Moderation sprechen wir mit Hilfe der Medien die Emotionen des Publikums an. Medien sind also nicht nur eine Ergänzung oder Bebilderung Ihres rhetorischen Vortrags, sondern bestimmen den Charakter Ihrer Präsentation ganz entscheidend.

Jede Präsentation ist eine Manipulation, denn sie dient dazu, ein Publikum zu beeinflussen. Die Manipulation liegt darin, dass Sie mit Ihrem Vortrag eine Auswahl aus einem großen Spektrum von Möglichkeiten treffen und die Aufmerksamkeit der Zuhörer auf diese Auswahl fokussieren. Ihr Publikum soll Ihrer Idee folgen – deshalb machen Sie Ihre Präsentation so interessant wie möglich.

Publikumsgerechte Auswahl der Medien

Da Sie diese Manipulation nicht verhindern können, ist es am besten, damit ganz bewusst umzugehen und sie in den Dienst Ihres Publikums zu stellen. Sie können Ihre Inhalte nicht gleichzeitig mit Flipchart, Tageslicht-Projektor und Beamer präsentieren. Fragen Sie sich also: Welches Medium passt am besten, um meine Botschaft zu diesem speziellen Publikum zu transportieren?

- Falls Sie vor einer homogenen Gruppe von Technikern (oder anderen typischen »Blauen«, Rationalen) präsentieren, werden Sie wahrscheinlich mit einer Beamer-Präsentation gut ankommen.
- Eine Gruppe von Sozialpädagogen (typische »Rote«, Emotionale) dagegen werden Sie mit einer Beamer-Präsentation vermutlich

schwerer für sich einnehmen können. Mit großformatigen, hand-geschriebenen Pinn-Charts und durch häufigen Einsatz des Flip-charts machen Sie es dieser Gruppe leichter, Sie zu mögen. Flip- und Pinncharts sind »handmade« und daher menschlich.

Bei heterogenen Gruppen sind Medienwechsel besonders wichtig, damit alle Dialekte des Gehirns angesprochen werden. Da sich man-che Medien zur Darstellung bestimmter Sachverhalte besonders gut eignen, sollten Sie auch bei homogenen Gruppen auf Medienwechsel nicht verzichten.

Konzentration auf das Wesentliche und Qualität sind bunter Vielfalt vorzuziehen.

Wenn die Hauptabschnitte einer Präsentation schwerpunktmäßig einem Medium zugeordnet werden, unterstützen die Medienwechsel die Gliederung – das freut besonders die Zuhörer mit starken »Blau-Anteilen«.

116

Vorteile der Visualisierung

Indem Sie Präsentations-Medien einsetzen, visualisieren Sie, was eine Reihe von Vorteilen mit sich bringt. Die Visualisierung

- erhöht die Informationsaufnahme,
- erleichtert die Interpretation,
- zwingt zur Selektion,
- hilft bei der Vermittlung schwer zu erklärender Sachverhalte,
- erleichtert die Protokollierung,
- kanalisiert Diskussionen,
- ergibt einen roten Faden.

Das, was wir sehen und hören, bleibt uns besser im Gedächtnis. Der Mensch behält von den Informationen, die er nur hört, durchschnittlich 20%. Von den rein visuell dargebotenen Informationen bleiben durchschnittlich 30% im Gedächtnis. Werden Sehen und Hören angesprochen, behält der Mensch 50%.

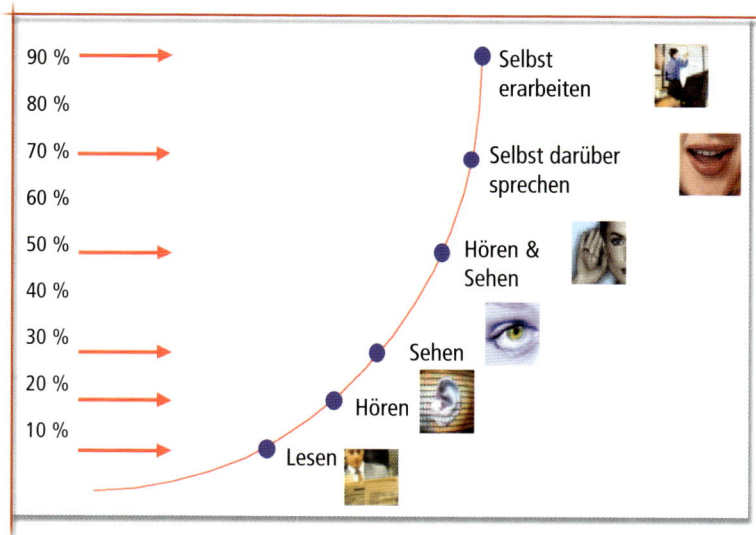

90 %
80 %
70 %
60 %
50 %
40 %
30 %
20 %
10 %

Selbst erarbeiten

Selbst darüber sprechen

Hören & Sehen

Sehen

Hören

Lesen

Die Art der Informationsaufnahme bestimmt, wie viel Prozent der Information man behält.

Bilder sind eindeutiger als Worte

Zunächst müssen Tatsachen richtig aufgefasst werden, dann kann man über sie diskutieren. Bilder unterstützen die gleiche Informationsaufnahme bei allen Betrachtern, da sie eindeutiger sind als Worte. Zahlen, die an die Leinwand projiziert sind, eine auf Flipchart geschriebene Definition, ein Modell eines neuen Produktes – das macht unmissverständlich deutlich, worum es geht, und gibt Raum für individuelle Interpretationen auf der Basis der gleichen Tatsachen.

Die Qualität einer Präsentation hängt maßgeblich davon ab, ob die Inhalte sorgfältig ausgewählt wurden. Wenn Sie nur die wichtigsten Punkte visualisieren, selektieren Sie damit gleichzeitig die unwesentlichen Aussagen und machen Ihre Präsentation prägnanter.

Besser verständlich durch Visualisierung

Manche Sachverhalte sind nur schwer mit Worten zu erklären. Strukturen, Abläufe und Organisationsformen sind durch Skizzen und Grafiken besser vermittelbar. Auch der Einsatz von Symbolen kann dem Publikum auf einen Blick klar machen, was sonst vieler Worte bedurft hätte.

Geringer Aufwand und große Wirkung – das Visualisieren von Informationen lohnt sich.

Symbole aktivieren die »rechte« Gehirnhälfte der Zuhörer und verbessern dadurch Verständnis und Informationsaufnahme. Plus- und Minuszeichen, Frage- und Ausrufezeichen, Blitz, »Smiley« – diese Symbole gehören bei jeder Präsentation und Moderation zum unverzichtbaren Standardrepertoire.

Einfachere Protokollierung

Mit der Visualisierung ist die Protokollierung Ihrer Moderation oder Präsentation einfach. Folien können Sie problemlos nach der Veranstaltung als »Hand-out« an das Publikum geben, Flipchart-Seiten kann man abschreiben. Besonders wichtig ist die Protokollierung, wenn die Teilnehmer einer Moderation Inhalte erarbeiten. Die konsequente Nutzung von Medien (Flipchart, Metaplan-Karten) verhindert, dass Beiträge von Teilnehmern im Nachhinein »unter den Tisch« fallen.

Das Visualisieren erleichtert die Diskussion, da zu kontroversen Punkten erneut auf die Medien zurückgegriffen werden kann, um Sachverhalte zu verdeutlichen und Ausgangspunkte zu finden. Die Gefahr, dass bei Diskussionen nach einiger Zeit nicht mehr klar ist, worüber eigentlich gesprochen wird, lässt sich bannen, wenn Sie als Diskussionsleiter das Gespräch auf die visualisierten Hauptpunkte kanalisieren.

Visualisierung hilft nicht nur dem Publikum, sondern auch dem Präsentator. Sie ergibt seinen roten Faden, an dem entlang er sich durch seine Medien bewegt. Die neue Folie oder Flipchart-Seite macht auch dem Präsentator klar, welchen Punkt er nun ansprechen und vertiefen muss.

119

Gefahren der Visualisierung

Das Visualisieren hat viele Vorteile, birgt aber auch Gefahren. Banale Inhalte lassen sich hinter optisch beeindruckenden Medien gut verstecken. Noch schlimmer ist es, wenn die Visualisierung das gesprochene Wort nicht unterstützt, sondern ihm entgegenläuft. Mit Folien, die Schreibfehler enthalten, lässt sich keine Null-Fehler-Mentalität vermitteln und eine aufwendige Beamer-Show passt nicht zur Verkündung notwendiger Einschränkungen.

»Steht diese Visualisierung im Dienst meiner Präsentationsziele und unterstützt sie meine Aussagen?« – von der Beantwortung dieser Frage sollte abhängen, ob Sie Ihre Visualisierungsidee in die Tat umsetzen oder sie lieber aus Ihrer Präsentation verbannen.

Medien zur Visualisierung sorgfältig auswählen

Wenn Sie sich für die Visualisierung einer Aussage oder eines bestimmten Inhaltes entscheiden, ist der nächste Schritt die Wahl des geeigneten Mediums. Jedes bietet unterschiedliche Möglichkeiten. Die Auswahl sollten Sie nicht allein Ihrer persönlichen Sympathie überlassen. Machen Sie sich mit den Stärken, Einsatzmöglichkeiten und Gefahren der unterschiedlichen Präsentationsmittel vertraut und treffen Sie eine bewusste Entscheidung. Der sichere Umgang mit mehreren Medien sichert Ihnen Chancen, die Sie für Ihre Ziele nutzen können.

Mit Farben präsentieren

So unterschiedlich die Medien sind, eines ist bei allen gleich: das »Schwarzweiß-Zeitalter« ist vorbei. Bevor die einzelnen Medien vorgestellt werden, ist es daher sinnvoll, auf die Wirkung von Farben in der Präsentation einzugehen.

Wozu Farben genutzt werden können

Farbe sollte das i-Tüpfelchen eines Schaubildes sein, ein visueller Reiz zum interessierten Hinsehen und besseren Erkennen. Ist Ihr Schaubild nicht aus sich heraus schlüssig und verständlich, so hilft auch der Einsatz von Farben nicht mehr. Sie sollten Farben einsetzen,

Farben immer sparsam einsetzen, damit sie ihre Signalwirkung behalten.

- um etwas hervorzuheben, beispielsweise Trennlinien, Zahlenreihen oder Diagrammausschnitte,
- um zu symbolisieren; Rot beispielsweise kennzeichnet Unterdeckung bei Geschäftsergebnissen, Grün steht für Prognosen etc.,
- um wiederkehrende Motive zu kennzeichnen, beispielsweise ein Firmenlogo,
- um zu differenzieren, beispielsweise zwischen Vergangenheit und Gegenwart oder zwischen verschiedenen Unternehmensbereichen.

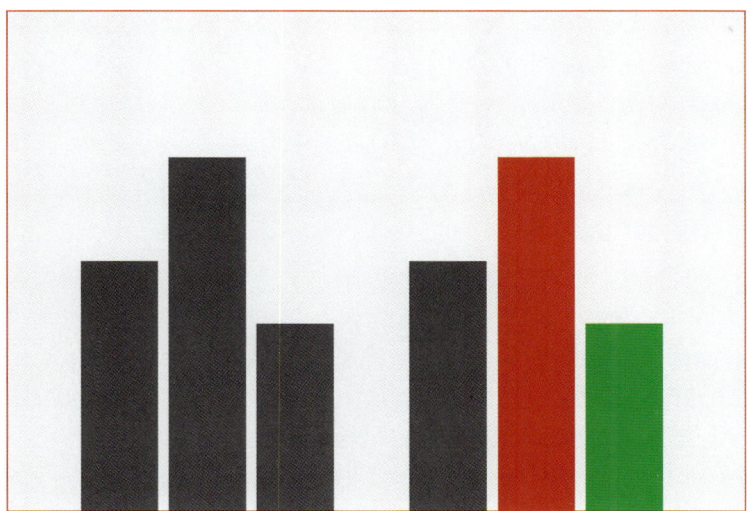

Balkendiagramm: Die gleichen Zahlen unterschiedlich visualisiert.

121

Überlegen Sie, welche speziellen Empfindungen, Reaktionen und Assoziationen die von Ihnen eingesetzte Farbe im Allgemeinen auslöst (siehe folgende Übersicht). Beachten Sie bei Farbkombinationen auch das Zusammenspiel der Farben.

Für Schrift sollten Sie stets schwarz (typische Druckfarbe) oder blau (typische Farbe für Handschrift mit Füllfederhalter oder Kugelschreiber) verwenden. Diese Farben wirken neutral und die Lesbarkeit auf weißem Hintergrund ist am besten.

Andere Farben dienen dazu, Akzente zu setzen. Gleichmäßige Farbanteile erzeugen dabei eine diffus wirkende Buntheit. Dynamischer wirkt es, mit Signalfarben nur wenige, spannungsreiche Impulse zu setzen.

Emotionale Menschen sind besonders empfänglich

Bedenken Sie, dass die Bedeutung von Farben nur im Kontext definiert wird: Unter welchen Umständen erfolgt und in welchen Zusammenhängen steht der Farbeinsatz? Die Wirkung von Farben hat bei jedem Menschen eine individuelle Komponente. Farben sprechen unsere emotionale Seite an und finden daher bei emotionalen Menschen (»Roten« und »Gelben«) stärkeren Widerhall als bei »Verstandstypen« (»Grünen« und »Blauen«).

Farbe	Psychische Wirkungen	Symbole/Gefühle
Rot	Erregend (schnellerer Pulsschlag, höherer Blutdruck); Gefühl der Wärme; Gefühl der Nähe	Feuer, Liebe, Hass; Aktivität, Leidenschaft; Blut; Herrschaft; Reichtum (Purpur)
Blau	Entspannend; Gefühl der Kälte; Gefühl der Ferne	Treue; Sehnsucht; Melancholie; Fantasie; Utopie; Lüge; Freizeit
Grün	Beruhigend	Leben; Natur; Wachstum; Gesundheit; Neubeginn; Hoffnung; Frische
Gelb	Erheiternd; Hell; Leicht	Reife; Sinnlichkeit; Neid; Geiz; Egoismus
Braun	Vertraut; Gemütlich	Biederkeit, Spießertum; Armut
Grau	Leblos; Charakterlos	Langeweile; Dürre; Theorie; Alter; Vergangenheit; Bescheidenheit
Violett	Zweideutig; Unsachlich	Extravaganz; Mode; Eitelkeit
Orange	Energie; Wärme; Leuchtkraft	Vergnügen; Geselligkeit; Billige Vordergründigkeit
Rosa	Süßlich; Zart	Sanftmut; Zärtlichkeit
Gold	Edel	Reichtum; Überfluss; Pracht; Festlichkeit; Ruhm
Silber	Kühl; Distanziert; Schnell	Geld; Mond; Zurückhaltung, Eleganz

Vergessen Sie nicht: Der Verstand sitzt in der grauen Gehirnsubstanz. Grau ist die Farbe der Nachdenklichkeit und der Theorie.

»Grau ist alle Theorie und Grün des Lebens goldner Baum.« (J. W. v. Goethe)

123

Flipchart

Schon als Kinder haben wir gelernt, mit Filzstiften auf Papier zu schreiben. Am Flipchart ist das Papier größer und die Filzstifte sind dicker, die Handhabung bleibt jedoch vertraut. Wenn ein Flipchart richtig eingesetzt wird, gibt es wohl kein anderes Medium, das so sympathisch wirkt.

Der Einsatz eines Flipcharts bietet beste Chancen, um in einen konstruktiven Kommunikationsprozess mit den Zuhörern zu treten und das Publikum aktiv werden zu lassen.

Einsatzmöglichkeiten

Wegen der einfachen Handhabung lässt sich das Flipchart in unterschiedlichen Situationen nutzen:

- Punkte, die beim Publikum auf besonderes Interesse stoßen, werden am Flipchart vertieft.
- Ein kreativer Gedanke wird aufgegriffen und fortgeführt.
- Fragen aus dem Publikum, die Sie nicht sofort beantworten wollen, werden gesammelt und zu einem günstigeren Zeitpunkt geklärt.
- Wenn technikabhängige Medien (Tageslicht-Projektor, Beamer) ausfallen, kann die Präsentation notfalls auch nur mit dem Flipchart durchgeführt werden.
- Ein sorgfältig vorbereitetes Chart, beispielsweise mit einem gezeichneten Willkommensgruß, bietet dem Publikum einen positiven Blickfang.

- Wichtige Aussagen oder eine Agenda auf Flipchart werden im Raum aufgehängt und bieten dem Publikum während der gesamten Präsentation Orientierung.
- Der Ablauf einer Moderation oder Präsentation (Agenda mit Zeitblöcken, Pausen und Tagesordnungspunkten) wird mit den Teilnehmern abgestimmt und gut sichtbar aufgehängt.
- Während der Moderation wird das Flipchart für ein »Brainstorming« eingesetzt.
- Ein vorbereitetes Chart bildet die Struktur, die verschiedenen Phasen oder Zusammenhänge ab, über die Sie in Ihrer Präsentation sprechen.

Im Unterschied zur Präsentation mit Beamer und Tageslicht-Projektor können Sie entscheidende Punkte Ihrer Präsentation gemeinsam mit Ihren Teilnehmern erarbeiten. Die gedankliche Durchdringung und das Entstehen von Ideen werden durch die Entwicklung am Flipchart transparenter für die Zuschauer.

Die so entwickelten Gedanken sind ein gemeinsames Arbeits-ergebnis, das gleichzeitig protokolliert und durch Aufhängen der Charts beliebig lang dokumentiert ist.

Richtiges Verhalten beim Schreiben

Eine Schwierigkeit der Arbeit mit diesem Medium liegt darin, dass Sie sich vom Publikum abwenden müssen, um am Flipchart zu schreiben und zu skizzieren. Wenn der Schreibvorgang nicht länger als etwa 15 Sekunden dauert (das reicht aus, um zwei bis drei Zeilen zu schreiben), wird die Unterbrechung des Kontaktes von den Zuschauern nicht als negativ erlebt.

Schwieriger ist diese Situation für den Präsentator, der nicht sieht, was sein Publikum in der Zwischenzeit macht. Die Folge ist dann oft, dass während des Schreibens zum Flipchart gesprochen wird anstatt zu den Zuschauern. Dazu tritt noch die Gefahr, zu schnell und damit unsauber zu schreiben.

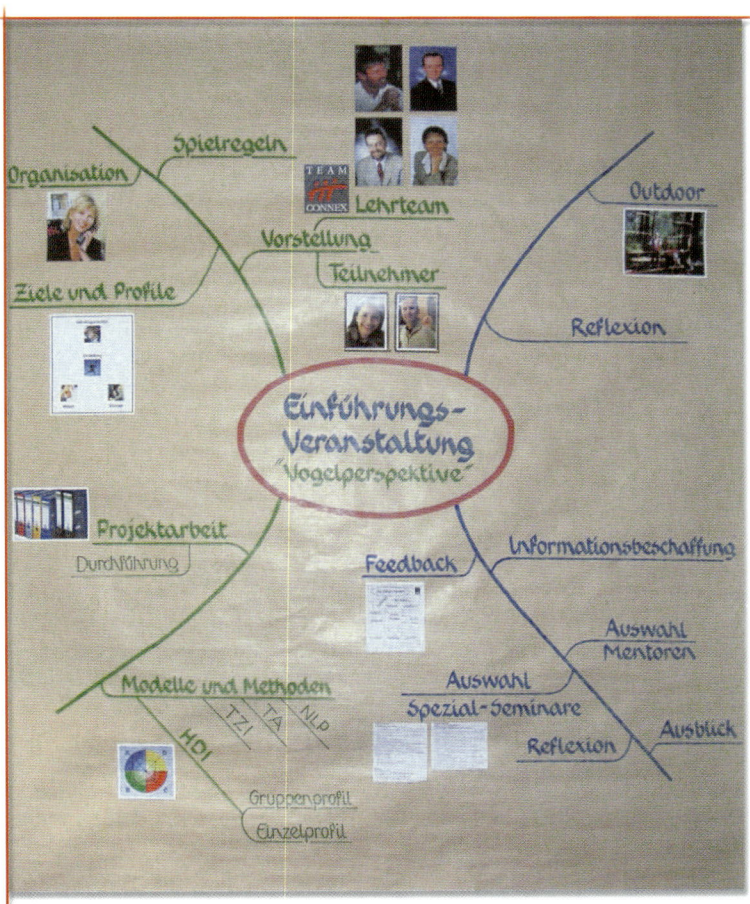

Es wirkt auf die Zuschauer viel störender, wenn Sie während des Schreibens zum Flipchart sprechen, als wenn Sie eine Redepause einlegen. Doch gerade das Einlegen einer solchen Pause während des Schreibens ist für viele Präsentatoren ungewohnt und muss eingeübt werden.

Die Medien sollen Deine besten Freunde sein – aber sprich nicht zu ihnen, denn sie entscheiden nicht!

127

Charts vorbereiten

Um nicht zu viel Zeit zum Schreiben zu verwenden, können manche Charts natürlich auch in Ruhe und mit aller Sorgfalt vor der Präsentation erstellt werden. Ein klares, sauber gestaltetes und beschriftetes Flipchart kann sehr beeindruckend wirken. Der größte Vorteil der Flipchart-Arbeit, die gemeinsame kreative Arbeit mit dem Publikum, geht dabei jedoch verloren.

Als Alternative bietet es sich an, Charts teilweise vorzubereiten. Eine Überschrift und die grafische Grundstruktur können schon vor der Präsentation angelegt sein und dann gemeinsam mit dem Publikum fertig gestellt werden.

Zeichnen Sie beispielsweise vor der Präsentation über besseres Zeitmanagement eine Uhr in die Mitte eines Charts und versehen Sie das Blatt mit einer aussagekräftigen Überschrift (»Zeitfresser am Arbeitsplatz«). Während der Präsentation können Sie dann gemeinsam mit Ihren Zuschauern das Chart vervollständigen und die verschiedenen »Zeitfresser« in Stichworten um die Uhr angeordnet anschreiben.

Die Auswahl der Stichworte muss nicht dem Publikum überlassen werden. Sie können die Begriffe auch vor der Präsentation auf farbige Moderations-Karten schreiben. Während des Vortrags halten Sie die Karten in der Hand, besprechen die Punkte nacheinander und kleben sie jeweils an der vorgesehenen Stelle auf das vorbereitete Chart.

Charts Schritt für Schritt aufdecken

Eine weitere Variante der Flipchart-Arbeit ist das Abdecken von Informationen. Während der Präsentation werden dann die Informationen aufgedeckt, die im entsprechenden Moment benötigt werden. Dieses Vorgehen erleichtert die Gedankenführung des Publikums.

Ihre Präsentation wirkt besonders interessant und abwechslungsreich, wenn Sie mehrere Varianten am Flipchart einsetzen: sorgfältig ausgestaltete Charts, spontan entwickelte und teilweise vorbereitete Seiten.

Das kreative und spontane Entwickeln von Seiten birgt auch Gefahren. Wenn verbale Aussagen durch eine Skizze oder Grafik illustriert werden, müssen die Inhalte zueinander passen. Wenn Sie beispielsweise ein Dreieck zeichnen, legen Sie sich visuell auf drei Eckpunkte fest. Führt dann der Dialog mit dem Publikum zu weiteren »Eckpunkten«, lässt sich Ihre Visualisierung nur noch mit einigem Zwang aufrechterhalten.

Häufige Kritikpunkte

Die stärker strukturierte, ordnungsliebende, analytische Gruppe im Publikum (die »Blauen« und »Grünen«) findet bei Präsentationen mit spontaner Flipchart-Arbeit leicht einige Haare in der Suppe, beispielsweise:

- schlecht lesbare Schrift,
- Schreibfehler,
- grammatikalisch nicht korrekte Sätze,
- mit zu viel Text, Skizzen und Symbolen überfrachtete Seiten,
- viele Änderungen und Verbesserungen auf einem Blatt,
- konfuse Grafiken und Skizzen.

Besonders die kreativ-dynamischen (»gelben«) Präsentatoren unterschätzen leicht den ausgeprägten Sinn für Klarheit bei den »Grünen« und »Blauen«.

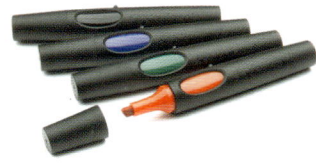

Unentbehrlich: ein guter Stift

Zu einem positiven Gesamteindruck bei allen Teilnehmern trägt ganz maßgeblich die Schrift am Flipchart bei. Das wichtigste Werkzeug ist der Stift, der mit der nötigen Sorgfalt ausgewählt und gepflegt werden muss (sofort nachfüllen oder aussortieren, wenn die Schreibleistung nachlässt; auf intakte Schreibspitze achten).

Bei Stiften mit dünnen Filzspitzen muss die Handhabung nicht geübt werden. Sie sind für Teilnehmer geeignet, die selbst schreiben sollen, wenn sie beispielsweise Moderationskarten beschriften.

Üben Sie den Umgang mit dem Stift vor der Präsentation, damit Sie sicher schreiben können.

Wirkungsvoll lässt sich mit Stiften arbeiten, die eine eckige Schreibkante haben. Die meisten dieser Modelle liefern das beste Ergebnis, wenn sie mit der breiten Kante aufgesetzt werden. Wichtig: den Stift während des Schreibens nicht drehen.

Beim Schreiben zu beachten

Weitere Punkte, die dem Publikum bei der Informationsaufnahme helfen:

- Zwei Schriftgrößen verwenden. Sie erleichtern dem Publikum dadurch die Aufnahme von Überschriften, Zahlen, Fakten, Betonungen.
- Groß- und Kleinbuchstaben verwenden. Es erleichtert dem Publikum die Orientierung. Typische Lesegewohnheiten werden unterstützt.
- Lesbarkeit hat Vorrang. Verwenden Sie Druckschrift und üben Sie, bis Sie durchweg zügig und sauber schreiben.
- Stichworte statt Sätze schreiben. Visualisierung ergänzt das gesprochene Wort, es ersetzt dieses nicht.
- Optisch eine klare Sprache sprechen. Lange Zeilen breit geschrieben sind schlecht zu lesen. Statt dessen Schrift in optischen Blöcken anordnen. Beim Einsatz von Pinnwand-Karten höchstens zwei Zeilen und fünf Worte pro Karte schreiben.

Tageslicht-Projektor

Mit dem Einsatz des Tageslicht-Projektors werden Präsentationen vor großen Zielgruppen möglich. Aber auch in kleinem Kreis ist dieses Medium so beliebt, dass einige Menschen das Wort »Präsentation« mit »Folien auflegen« gleichsetzen. Bei Moderationen wird der Tageslicht-Projektor seltener eingesetzt.

Dieses Medium eröffnet Ihnen die Möglichkeit, im Sitzen zu präsentieren. Das kann bei Präsentationen mit informellem Charakter günstig sein, da Sie sich im Sitzen körpersprachlich auf der gleichen räumlichen Ebene wie Ihr Publikum befinden. Bei Präsentationen mit Tageslicht-Projektor in großen Räumen sollten Sie aber unbedingt stehen, denn dadurch wirken Sie präsenter.

Folien werden in der Regel im Voraus professionell gefertigt – am PC oder von Hand –, doch auch das spontane Beschriften von Leerfolien während der Präsentation ist eine interessante Möglichkeit.

Folien gezielt auswählen

Beim Einsatz eines Tageslicht-Projektors kann der Präsentator auf der Projektoberfläche schreiben, zeigen oder markieren und so stets dem Publikum zugewendet bleiben. Mit einer Auswahl aus einer größeren Anzahl vorbereiteter Folien kann das Informationsbedürfnis der Zuschauer gezielt befriedigt werden – vorausgesetzt, der Präsentator zeigt nicht alle Folien, die er mitgebracht hat.

Es wirkt beeindruckend, wenn Sie während der Präsentation um eine nähere Erläuterung gebeten werden (mit der Sie vielleicht schon gerechnet haben) und zu diesem Detail eine Folie parat haben. Doch präsentieren Sie nicht mehr als zwei Folien pro Minute, sonst wird es für das Publikum langweilig – besonders, wenn diese Folien von Dritten gefertigt wurden (so genannte »Foliensätze«).

Zu häufiger Folienwechsel kann mit einem schlechten Film verglichen werden.

Die Zuhörer sind gekommen, um eine individuelle Präsentation mit Persönlichkeit zu sehen. Haben Sie daher den Mut, diejenigen Folien wegzulassen, die Ihren Vortrag und Ihre Präsentationsziele nicht direkt unterstützen, auch wenn die Erstellung Sie viel Zeit und Mühe gekostet hat.

Technik – Freund und Feind

Beim Einsatz eines Tageslicht-Projektors gehen Sie einen Bund mit der Technik ein, was Möglichkeiten eröffnet, aber auch Gefahren birgt. Sie als Präsentator müssen sich um Verlängerungskabel, Ersatzbirnen, Leinwand und Abdunkelungsmöglichkeiten kümmern, denn wenn etwas nicht klappt, wird Ihre Präsentation in Mitleidenschaft gezogen.

Wenn Sie die Technik im Griff haben, dürfen Sie sich von ihr nicht die Show stehlen lassen. Viele Präsentatoren vertrauen zu stark auf die Wirkung ihrer aufwendig am Computer erstellten Folien. Wenn Sie Ihre Ziele erreichen wollen, dürfen professionelle Folien jedoch nur den Hintergrund bilden – im Vordergrund sollen Sie und die Kraft Ihres Vortrags stehen.

Kein technisches Medium darf so dominant eingesetzt werden, dass Sie als Präsentator in den Hintergrund geraten.

Professionelles Arbeiten mit dem Tageslicht-Projektor

Um sich mit einer Folien-Präsentation richtig in Szene zu setzen, müssen einige Dinge sorgfältig beachtet werden:

- Steuern Sie durch Ein- und Ausschalten des Projektors gezielt die Aufmerksamkeit des Publikums. Legen Sie eine Folie auf, kündigen Sie sie an und schalten Sie dann den Projektor ein.
- Wenn die Folie besprochen und kommentiert wurde, schalten Sie den Projektor aus. Die Phase ohne Projektionslicht ist sehr wichtig, da dann die Aufmerksamkeit des Publikums auf den Präsentator und nicht auf die Leinwand fällt.

Kein Licht ohne Bild.

133

Binden Sie die Zuschauer in den präsentierten Gedankengang ein, indem Sie während der Präsentation in die Folie schreiben und sie mit Leben füllen. Richten Sie einen auf die Projektionsfläche gelegten Stift oder Folienzeige immer auf den Punkt Ihrer Folie, über den Sie gerade sprechen.

Bild und Wort sollen additive und nicht kannibalisierende Effekte erzeugen.

- Arbeiten Sie bei Folien-Präsentationen sehr synchron. Ihre Worte und die gezeigten Folien müssen übereinstimmen. Decken Sie gegebenenfalls Folien schrittweise auf; noch nicht benötigte Informationen werden vor dem Anschalten des Projektors mit einem Blatt Papier abgedeckt.

- Prüfen Sie Schärfe und Winkel der Projektion mit einer Testfolie, möglichst bevor Publikum im Raum ist. Die erste Folie muss bei Beginn Ihrer Präsentation exakt ausgerichtet sein, damit auf Knopfdruck ohne Nachjustieren ein scharfes Bild erscheint. Für weitere Folien können Sie sich »Anschläge« aus Pappe aufkleben.

- Schützen Sie Ihre Folie durch Flip-Frames. Sie können die Flip-Frames problemlos beschreiben, ohne Ihre Folie zu gefährden. Die Seitenlaschen der Flip-Frames dienen zur Beschriftung mit Stichworten und – ganz wichtig – zur Nummerierung der Folien.

Gestaltungsregeln für Folien

Wie eine Präsentation beim Publikum ankommt, hängt auch von der Qualität der eingesetzten Folien ab. Wie sieht nun eine optimale Folie aus? Für unsere »blauen« und »grünen« Freunde im Publikum ist die Sache klar: Bis auf's i-Tüpfelchen perfekt mit allen Möglichkeiten ausgestaltet, die ein Computerprogramm zur Folienerstellung bietet.

Doch solche Folien wirken auf die »rote« und »gelbe« Fraktion langweilig, maschinenhaft, kalt. Bemühen wir uns also um eine Gestaltung, die allen Gehirnfarben das bietet, was sie brauchen:

Folien erfordern eigene Gestaltungsregeln, damit sie professionell wirken.

- Die Textmenge sollten Sie bei Folien im Querformat auf 4 Zeilen à 7 Worte beschränken. Bleiben Sie bei einer Schriftart (serifenlos, z. B. Helvetica oder Arial) und zwei Schriftgrößen (ca. 20 Punkt für Text und ca. 30 Punkt für Überschriften, je nach Größe des Präsentations-Raumes).
- Erstellen Sie nicht nur Aufzählungs-Charts, sondern versuchen Sie, die Informationen in passende grafische Strukturen umzusetzen und prägnante Bilder zu finden.
- Schreiben Sie nur wenige interessante Stichworte auf die Folie und setzen Sie die sprachlichen Höhepunkte mit Ihren mündlichen Ausführungen.
- Verzichten Sie bei der Erstellung der Folien auf Hervorhebungen. Arbeiten Sie statt dessen während der Präsentation mit farbigen, wasserlöslichen Stiften in die Folie hinein:
- Markieren Sie wichtige Punkte.
- Kreisen Sie wichtige Worte und Zahlen ein.
- Tragen Sie Schlüsselworte und -zahlen handschriftlich ein.
- Nutzen Sie Symbole (Ausrufe-, Fragezeichen, Blitz, Plus-/Minus-Zeichen, Stern usw.)

- Ein bereits unterstrichenes Wort können Sie während der Präsentation schlecht ein weiteres Mal hervorheben und ein dunkler Folienhintergrund macht Ihnen generell einen Strich durch die Rechnung.
- Versehen Sie jede Folie mit einer Überschrift, das erleichtert Ihrem Publikum die Orientierung.

Bei Diagrammen zu beachten

Wenn Sie Zahlen und Daten präsentieren, wählen Sie den Diagrammtyp so, dass er zu den von Ihnen gewünschten Aussagen passt. Inhalt und Aussage bestimmen den Diagrammtyp. Fast immer gibt es mehrere Möglichkeiten der Darstellung, die unterschiedliche Aspekte betonen – auch inkorrekte, manipulative Darstellungen. Und bestimmt gibt es einen »Blauen« im Publikum, der die kleinste Unstimmigkeit bemerkt und anspricht. Prüfen Sie also Ihre Darstellung sorgfältig, um unangenehme Diskussionen zu vermeiden.

Bei allen Diagrammtypen gilt:

- nur wenige Daten darstellen (maximal sechs Kreissegmente, Balken und Säulen, maximal vier Verlaufskurven),
- Achsen und Variable (»Zahlenwerte«) direkt im Diagramm beschriften,
- möglichst keine Legenden verwenden,
- Ziffern auf drei Stellen runden (68,4 T Euro statt 68 392,- Euro, 14% statt 14,39%).

Beamer

Modernste Technik und das Internet eröffnen neue Möglichkeiten beim Präsentieren.

Der Einsatz eines Beamers, der mit einem entsprechenden Programm vom Notebook aus gesteuert wird, eröffnet Möglichkeiten, eine Präsentation multimedial zu gestalten. Es können nicht nur Texte, Grafiken und Fotos – wie beim Einsatz eines Tageslicht-Projektors – gezeigt werden, sondern auch digitale Videosequenzen und herkömmliche Videofilme über Beamer abgespielt werden.

Möglichkeit der Animation

Grafiken und Text lassen sich zudem animieren; es besteht die Möglichkeit, beispielsweise ein Kreisdiagramm Segment für Segment aufzubauen. Ist ein Modem angeschlossen, kann direkt auf Netzdaten zugegriffen werden und z. B. während der Präsentation live im Internet gesurft und gechattet werden. Über die eingebauten Lautsprecher des Notebooks oder Beamers oder über eine externe Tonanlage lassen sich Musik, Klänge und Sprachdateien in die Präsentation einbinden.

Möglichkeiten der Multimedia-Präsentation

- Zeilenweises Präsentieren von Textfolien, Aufzählungscharts und Grafiken,
- Durchführung von Kalkulationen gemeinsam mit dem Publikum,
- Schrittweise Animation von Diagrammen,
- Präsentation von digitalen Fotos und eingescannten Vorlagen,
- Wiedergabe digitaler und analoger Videos,
- Surfen im Internet,
- Live-Chat mit Videounterstützung,
- Abspielen von Musik, Klangdateien und Sprachaufnahmen.

Die Vielzahl der Möglichkeiten bringt auch Risiken mit sich. Sie können per Internet und Videocam an jedem Ort der Welt, der über eine Steckdose und einen Telefonanschluss verfügt, Ihren Geschäftsführer live in Ihre Präsentation einbeziehen. Doch es wird Sie stundenlanges Ausprobieren kosten, um diese Möglichkeit ohne »Absturz« zu realisieren.

Technik nicht dominieren lassen

Wenn Sie mit dem Beamer präsentieren wollen, müssen Sie die Vorbereitungszeit für Ihre Präsentation besonders sorgfältig und großzügig planen. Sie müssen Ihrem Publikum brennend interessante Inhalte präsentieren – und nicht technische Features.

Eine Beamer-Präsentation ist immer ein Drahtseilakt. Der Präsentator muss fürchten, dass die Technik »abstürzt« und das Publikum eine dunkle Leinwand oder die falschen Folien zu sehen bekommt. Läuft technisch alles nach Plan, besteht die Gefahr, dass die perfekte Show seine Persönlichkeit in den Hintergrund drängt.

Eines kann der Beamer nämlich nicht: Kontakt zum Publikum herstellen. Doch genau dieser ist für das Gelingen einer Präsentation entscheidend. Wenn Sie bei Ihrem Vortrag klare Ziele haben, die Sie erreichen wollen, reicht es nicht aus, Ihr Publikum mit der neuesten Präsentations-Technik zu beeindrucken, vielmehr müssen Sie es zum Handeln bewegen.

> **Mein Vorschlag: Kombinieren Sie die Stärken des Beamers mit denen des Flipcharts und gleichen Sie so seine Schwächen aus. Zu Beginn und am Ende Ihrer Präsentation visualisieren Sie mit Flipchart, dazwischen nutzen Sie den Beamer, um perfekt aufgearbeitete Inhalte zu präsentieren.**

Interaktiv präsentieren

Ihr Notebook kann riesige Datenmengen speichern. In der Beamer-Präsentation können Sie darauf selektiv zugreifen und dem Publikum genau die Folien, Diagramme, Fotos und Videos zeigen, die für den Fortgang Ihrer Präsentation am geeignetsten sind.

Ihren Haupt-Gedankengang bauen Sie dazu am besten als kurze Sequenz auf – für einen zehnminütigen Präsentationsteil maximal zehn Folien. Auf den Folien nutzen Sie interaktive Schaltflächen (»Links«), um Ihre Sequenz je nach Publikumssituation individuell zu ergänzen.

Dieses Vorgehen macht eine Menge Arbeit. Sie müssen lernen, interaktive Schaltflächen zu programmieren. 20 statt zwei Bilder und zehn Diagramme statt einem anlegen, um einen angemessenen Individualisierungsgrad zu erhalten. »Interaktiv« präsentieren bedeutet, dass Sie in einen Dialog mit den Zuschauern treten. Um diesem Anspruch gerecht zu werden, brauchen Sie ein breites Spektrum an Alternativen.

Doch damit haben Sie die Chance, in einem interaktiven Prozess immer ganz dicht bei den Interessen Ihres Publikums zu sein.

Was zeige ich? / Womit visualisiere ich?	Beamer	Overhead-projektor	Flipchart	Pinnwand	Video	Modell
Unternehmen						
Produkte						
Vorgänge						
Abläufe						
Zusammenhänge						
Meinungen						
Statements						
Diskussion						
Bilanzen						
Daten/Fakten						

141

Checkliste: Auswahl der Medien

Möglichkeiten der audiovisuellen Darbietung	Was spricht dafür?	Was spricht dagegen?
Videofilm		
Film		
Beamer		
Visualisierung		
Beamer		
Overheadprojektor		
Pinnwand, Flipchart		
Diaprojektor		
Whiteboard/Tafel		
Modell		
Visualisierung mit evtl. Aktivierung der Zielgruppe		
Möglichkeit, Informations- material mitzunehmen		
Schriftliche Unterlagen, Hand-outs		
Bücher		
Zeitschriften		
Prospekte		
Lehrbriefe		
Programmierte Unterweisung		

Checkliste: Nachbereitung

Nr.	Kriterium	−3	−2	−1	0	+1	+2	+3	Bemerkungen
1	Einstieg								
2	Haltung								
3	Bewegung								
4	Gestik								
5	Mimik								
6	Stand								
7	Blickkontakt								
8	Tempo								
9	Stimmlage								
10	Lautstärke								
11	Modulation								
12	Artikulation								
13	Atmung								
14	Dynamik								
15	Pausen								
16	Aussprache								
17	Satzbau								
18	Wortwahl								
19	Zuhöreraktivierung								
20	Reaktion auf Zwischenfragen								
21	Nutzenargumente								
22	Fachliche Kompetenz								
23	Medieneinsatz								
24	Motivationswirkung								
25	Abschluss								
26	Gesamtwirkung								

Geeignete Orte für Ihre Präsentation – Exzellente Tagungshotels

1 Tagungszentrum Ellernhof

2 Schlosshotel Eyba

3 Hotel Fohlenweide

4 Gut Gremmelin

5 Hardenberg BurgHotel

6 Kloster Hornbach

7 Hotel Klostergasthof Thierhaupten

8 Hotel und Tagungscentrum Luisenhof

9 Schloss Marbach

10 Hotel Margarethenhöhe

11 Mintrop's Burghotel

12 Pfalzhotel Asselheim

13 Rhön Park Hotel

14 Schloss Schweinsburg

15 Hotel Thüringen Suhl

16 Hotel VierJahreszeiten

17 SchloßHotel & Villa Rheinfels

18 Hotel Schloss Waldeck

19 Hotel Burg Wernberg

20 Seehotel Zeulenroda

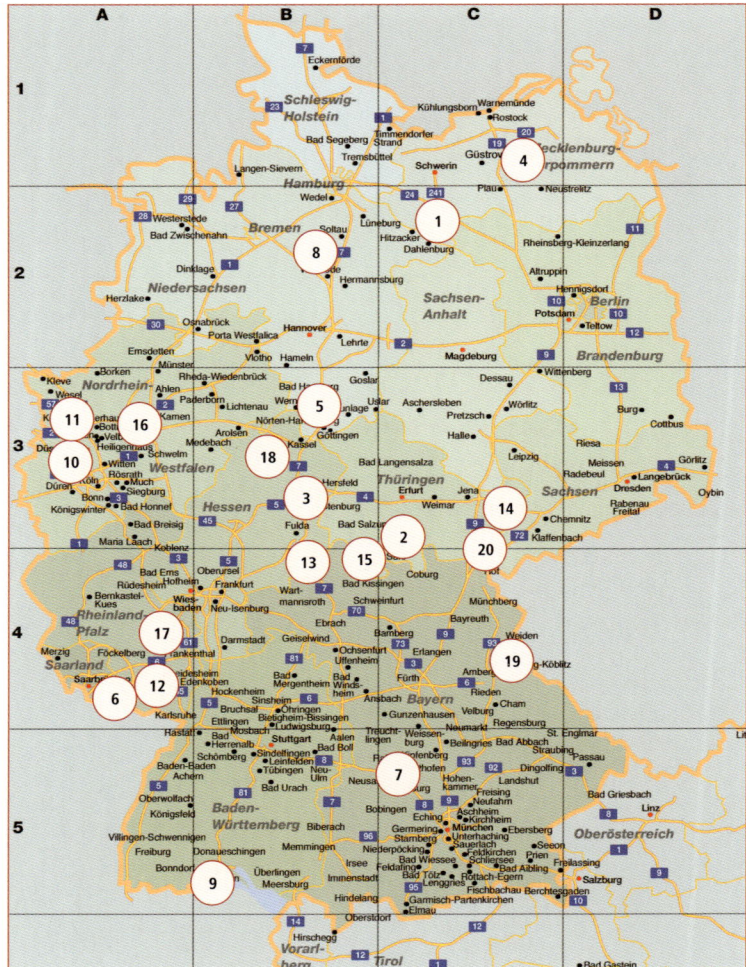

Rudi Neuland Unternehmensberatung

Postfach 1164

36001 Fulda

Telefon: (0661) 93414-50

www.exzellente-tagungshotels.de • www.exzellent-tagen.de

Tagungszentrum Ellernhof

Die Inhaber, beide Pädagogen, garantieren fachliche Kompetenz und exzellente Lernumfeldbedingungen für ein Haus mit dem Schwerpunkt Outdoor-Training. Ein Geheimtipp mit Erfolgsgarantie.

Tagungszentrum Ellernhof
Am Hamberg 20 • 21368 Dahlenburg / OT Ellringen
Telefon: (05851) 9788-0 • Telefax: (05851) 9788-77
E-Mail: mail@ellernhof.de

Schlosshotel Eyba

Eine schmucke Oase im Thüringer Wald mit kompromisslos exzellentem Service und besten Lernbedingungen. Ideal für kleine Gruppen mit dem Schwerpunkt erlebnisorientiertem Lernen.

Schlosshotel Eyba
07318 Eyba (bei Saalfeld/Thüringen) • Ortsstrasse 23
Telefon: 03 67 36 / 34-0 • Telefax: 03 67 36 / 34 19
E-Mail: info@schlosshotel-eyba.de • www.schlosshotel-eyba.de

Hotel Fohlenweide

Das privat geführte historische Hotel in einer grandiosen Naturlandschaft eignet sich für mittlere und kleine Gruppen. Eine Outdoorhalle und neue Seminarräume bieten exzellente Lernbedingungen.

Hotel Fohlenweide
36145 Hofbieber
Telefon: (06657) 9880 • Telefax: (06657) 988100
www.fohlenweide.de • E-Mail: info@fohlenweide.de

Gut Gremmelin

Nahe Rostock, direkt an der A19, finden Seminarteilnehmer und Trainer ein kleines Seminarhotel der Extraklasse. Das idyllisch gelegene Landgut bietet alles, was ein exzellentes Tagungshotel ausmacht. Sehr privat, sehr individuell und sehr effektiv.

Gut Gremmelin
Am Hofsee 33 • 18279 Gremmelin
Telefon: (03 84 52) 51-10 / -11 • Telefax: (03 84 52) 51-28
www.gutgremmelin.de • E-Mail:info@gutgremmelin.de

Hardenberg BurgHotel

Als Tagungshotel der Spitzenklasse bietet das traditionsbewusste Haus neben einem Hightech-Medienpark Ruhe, Stil und Lebensart.

Hardenberg BurgHotel
Hinterhaus 11A • 37176 Nörten-Hardenberg
Telefon: (05503) 9810 • Telefax: (05503) 981666
www.burghotel-hardenberg.de
E-Mail: info@burghotel-hardenberg.de

Hotel Klostergasthof Thierhaupten

Ein nagelneuer Seminarpavillon und ein Außenlernraum mit Superlativen sind nur zwei Glanzpunkte dieses exzellenten Tagungshotels.

Hotel Klostergasthof Thierhaupten
Augsburger Straße 3 • 86672 Thierhaupten
Telefon: (08271) 8181-0 • Telefax: (08271) 8181-50
info@hotel-klostergasthof.de • www.hotel-klostergasthof.de

Kloster Hornbach

Beten und arbeiten in Gemeinschaft lautete einst die Maxime des ehemaligen Benediktinerordens. Das Ehepaar Lösch führte dieses Haus innerhalb kürzester Zeit an die Spitze deutscher Gastronomie und bietet Seminarteilnehmern exzellente Lernbedingungen.

Kloster Hornbach Lösch GmbH
Im Klosterbezirk • 66500 Hornbach
Telefon: (063 38) 910 10-0 • Telefax: (063 38) 910 10-99
www.kloster-hornbach.de
E-Mail: hotel@kloster-hornbach.de

Hotel und Tagungscentrum Luisenhof

Im Städtedreieck Hamburg-Bremen-Hannover, inmitten der Lüneburger Heide agieren Tagungsprofis in Perfektion. Der Luisenhof zählt seit Jahren zu den zehn besten Tagungshotels.

Hotel und Tagungscentrum Luisenhof
Worthstraße 10 • 27374 Visselhövede
Telefon: (0 42 62) 9 33-0 • Telefax: (0 42 62) 9 33-1 00
www.seminarhotel-luisenhof.de • info@seminarhotel-luisenhof.de

Schloss Marbach

Peter Rohner ist Sportpädagoge und leitet Schloss Marbach am Bodensee mit seinem Team so unauffällig professionell, dass es seit Jahren international gefragt ist. Eine grandiose Outdoor-Area, lernfördernde Aktivitäten im Haus und professionelle Lernräume ergeben mit dem reizvollen Schloss eine Symbiose ganzheitlichen Lernens.

Tagungs- und Seminarzentrum Schloss Marbach GmbH
78337 Oehningen
Telefon: (07735) 8130 • Telefax: (07735) 813-100
www.schlossmarbach.de
E-Mail: info@schlossmarbach.de

Hotel Margarethenhöhe

Das Vier-Sterne-Cityhotel mit historischer Vergangenheit – inmitten der Stadt Essen und dennoch dörflich anmutend – ist ein Juwel für Konferenz- und Seminarveranstalter. Professionell, mit exzellentem Dienstleistungs-Know-how und hoch motiviert.

Hotel Margarethenhöhe
Steile Straße 46 • 45149 Essen
Telefon: (02 01) 43 86-0 • Telefax: (02 01) 43 86-100
www.margarethenhoehe.com
E-Mail: info@margarethenhoehe.com

148

Mintrop's Burghotel

Kein Hotel wie andere. Das Besondere machen Menschen mit Faszination und Verantwortung. Hochprofessionell – geführt von Maria und Harald Mintrop – den Nutzen haben lernende Menschen, Tag für Tag, in einem Seminarhotel mit exzellentem Lernumfeld.

Mintrop's Burghotel
Schwarzensteinweg 81 • 45289 Essen-Burgaltendorf
Telefon: (02 01) 57 17 10 • Telefax: (02 01) 5 71 71 47
www.hotel-mintrop.de
E-Mail: info@hotel-mintrop.de

Pfalzhotel Asselheim

Das idyllische Asselheim, inmitten der Weinregion Pfalz, das gute Essen und die ländliche Ruhe beschreiben nur den Rahmen eines Hotels mit einer unglaublichen Erfolgsstory. 10 große Seminarräume und ebenso viele Konferenz- und Gruppenräume mit modernster Ausstattung begeistern Trainer und Seminarteilnehmer.

Pfalzhotel Asselheim
Holzweg 6 – 867269 • Grünstadt-Asselheim
Telefon: (0 63 59) 80 03 - 0 • Telefax: (063 59) 80 03 - 99
www.pfalzhotel.de
E-Mail: pfalzhotel-asselheim@t-online.de

Rhön Park Hotel

Das Tagungshotel im »Land der offenen Fernen«. Das einzigartige Biosphärenreservat Rhön bietet hervorragende Möglichkeiten für Outdoor-Aktivitäten jeglicher Art. Das Haus mit über 300 Zimmern und vielen Tagungsräumen eignet sich für Groß- und Kleinveranstaltungen gleichermaßen. Ein Eventhotel mit vielen Möglichkeiten.

Rhön Park Hotel
Rother Kuppe 2 • 97647 Hausen-Roth
Telefon: (0 97 79) 91-18 60 • Telefax: (0 97 79) 91-18 47
www.rhoen-park-hotel.de
E-Mail: fub@rhoen-park-hotel.de

Schloss Schweinsburg

Hier kommt alles zusammen: ein Schloss und der damit verbundene Reiz, der Europasaal mit Hightech-Konferenztechnik, eine Sporthalle der Extraklasse, stilvolle Zimmer und nicht zuletzt die Professionalität eines geschulten Teams. Exzellent.

Schloss Schweinsburg
Hauptstraße 147-149 • 08459 Neukirchen/Pleisse
Telefon: (0 37 62) 94 80-0 • Telefax: (0 37 62) 94 80-1 99
www.schloss-schweinsburg.de
E-Mail: kontakt@schloss-schweinsburg.de

Hotel Thüringen Suhl

»Unsere Leichtigkeit beflügelt Sie« – mit diesem Leitspruch führen
Brigitte Groeger und ihr Team ein Tagungshotel, dem man nicht oft
begegnet. Lernwelten, Lernen und Lerntransfer sind hier die konsequente Antwort auf die Bedürfnisse heutiger Lernkultur.

Hotel Thüringen Suhl
Platz der Deutschen Einheit 2 • 98527 Suhl
Telefon: (0 36 81) 7 67-6 • Telefax: (0 36 81) 72 43 79
www.hotel-thueringen-suhl.de
E-Mail: groeger@hotel-thueringen-suhl.de

Hotel VierJahreszeiten

Menschen machen Erfolg, in diesem Fall ist es Klaus Fiebig – der mit
viel Gefühl und großer Kompetenz ein Haus an die Spitze der deutschen Tagungshotellerie gebracht hat. Ein modernes Haus mit allem,
was ein zeitgemäßes Lernumfeld ausmacht.

Hotel VierJahreszeiten
Seilerwaldstraße 10 • 58636 Iserlohn
Telefon: (023 71) 972-0 • Telefax: (023 71) 972-111
www.vierjahreszeiten-iserlohn.de
E-Mail: info@vierjahreszeiten-iserlohn.de

SchloßHotel & Villa Rheinfels

Der neue Eigentümer Gerd Ripp führt dieses Haus seit vielen Jahren – mit großem Erfolg. Mehrfach wurde es als bestes Tagungshotel ausgezeichnet. Die Gründe: exzellentes Lernumfeld, exzellenter Service und ein Ort, dessen Zauber selbst Heinrich Heine mit dem Lied der Loreley schon erlegen ist.

SchloßHotel & Villa Rheinfels
Schloßberg 47 • 56329 St. Goar
Telefon: (067 41) 802-0 • Telefax: (067 41) 802-802
www.schlosshotel-rheinfels.de
E-Mail: rheinfels.st.goar@t-online.de

Hotel Schloss Waldeck

Zu Füßen liegt der Edersee und hoch oben bietet das altehrwürdige Schloß lernenden Menschen alles, was erlebnisorientiertes Lernen ausmacht. »Es sind die Kleinigkeiten, auf die wir mit Aufmerksamkeit achten«, so Karl F. Isenberg, der Leiter des Hauses und zugleich Vater vieler kreativer Ideen.

Hotel Schloss Waldeck
34513 Waldeck
Telefon: (056 23) 589-0 • Telefax: (056 23) 589-289
www.schloss-waldeck.de
E-Mail: schlosswaldeck@aol.com

Hotel Burg Wernberg

Eine gelungene Symbiose zweier architektonischer Gegensätze. Das ehrwürdige Hotel Burg Wernberg und das moderne Seminarzentrum »Gedankengebäude«. Hier werden die fundamentalen Bedürfnisse lernender Menschen exzellent befriedigt. Ein Refugium und kaum zu überbieten.

Hotel Burg Wernberg
Schloßberg 10 • 92533 Wernberg-Köblitz
Telefon: (096 04) 939-0 • Telefax: (096 04) 939-139
www.burg-wernberg.de
E-Mail: hotel@burg-wernberg.de

Seehotel Zeulenroda

Es ist eines der Großen und damit ist nicht nur die Quantität gemeint. Das Seehotel Zeulenroda ist nicht nur ein Beweis für ästhetische Architektur, sondern verfügt auch über ein Instrumentarium modernster Lernumfeldgestaltung. Service exzellent.

Seehotel Zeulenroda
Flur Leize 4 • 07937 Zeulenroda
Telefon: (036628) 98-0 • Telefax: (036628) 98-100
www.seehotel-zeulenroda.de
E-Mail: info@seehotel-zeulenroda.de

153

Register

Checklisten

Literaturverzeichnis

Präsentation, Moderation:

Seifert, Josef W. (2003):
Visualisieren, Präsentieren, Moderieren. GABAL

Schildt, Thorsten / Kürsteiner, Peter (2003):
100 Tipps & Tricks für Overhead- und Beamerpräsentationen. Beltz

Schröder, Marion (2001):
Präsentieren mit PowerPoint 2000. Merkur

Franck, Norbert (2003):
Fit für den Auftritt. dtv

James, Tad / Shephard, David (2002):
Die Magie gekonnter Präsentation. Junfermann

Breger, Wolfram / Grob, Heinz L. (2002):
Präsentieren und Visualisieren. dtv-Beck

Dollinger, Manuela (2003):
Wissen wirksam weitergeben. Orell Füssli

Weidenmann, Bernd (2003):
100 Tipps & Tricks für Pinnwand und Flipchart. Beltz

Bernstein, David (1995):
Die Kunst der Präsentation. Heyne

Rhetorik:

Hartig, Wilfred (1993):
Moderne Rhetorik und Dialogik: Rede und Gespräch
in der Kommunikationsgesellschaft. Sauer

Kirchner, Baldur (1980):
Sprechen vor Gruppen. Klett

Ziele:

Hornstein, Elisabeth von / Rosenstiel, Lutz von (2000):
Ziele vereinbaren, Leistung bewerten. Langen/Müller

Pausewang, Freya (1994):
Ziele suchen, Wege finden. Cornelsen

Fischer, Gernhardt (1998):
Weiche Ziele. Fischer

Adam, Dietrich (1996):
Planung und Entscheidung. Modelle – Ziele – Methoden.
Mit Fallstudien und Lösungen. Gabler

Seiwert, Lothar J. (2002):
Das 1 x 1 des Zeitmanagement. mvg

Motivation:

Lundin Stephen C. u.a. (2002)
Noch mehr Fish! Die unbegrenzten Einsatzmöglichkeiten
eines ungewöhnlich erfolgreichen Motivationsbuchs.
Redline Wirtschaft bei ueberreuter

Sprenger, Reinhard K. (2002):
Mythos Motivation. Wege aus einer Sackgasse. Campus

Sprenger, Reinhard K. (2002)
Das Prinzip Selbstverantwortung. Campus

Felser, Georg (2002):
Motivationstechniken. Cornelsen

Haberzettl, Martin (2001):
Kommunizieren und motivieren. TopTools für
die Gesprächsführung. Financial Times Prentice Hall

Sprenger, Reinhard K. (2004):
Die Entscheidung liegt bei Dir! Campus

Häusel, Hans-Georg (2003):
Think limbic! Die Macht des Unbewussten verstehen und
nutzen für Motivation, Marketing, Management. Haufe

Häusel, Hans-Georg (2002):
Limbic Success! So beherrschen Sie
die unbewussten Regeln des Erfolgs. Haufe

H.D.I.:
Spinola, Roland / Peschanel, Frank D. (1996):
Das Hirn-Dominanz-Instrument (H.D.I). GABAL

Spinola, Roland / Peschanel Frank D. (1992):
Das Hirn-Dominanz-Instrument (H.D.I.) Grundlagen und Anwendung
des Ned Herrmann-Modells für die Personalentwicklung.

Kommunikation:
Schulz von Thun, Friedemann (1981):
Miteinander reden. 3 Bände, Band 1. Rowohlt

Watzlawick, Paul. u.a. (2000):
Menschliche Kommunikation. Huber

Birkenbihl, Vera F. (2002):
Rhetorik. Redetraining für jeden Anlass. Ariston

Heigl, Peter (2001):
30 Minuten für gute Rhetorik. GABAL

Braun, Roman (2002):
Die Macht der Rhetorik. Ueberreuter

Predmerski, Dolf / Rosenkranz, Wolfgang (1994):
Verkaufsfieber. Siegreich im Außendienst. moderne industrie Business

Stil und Etikette:
Winterhoff, Peter D. / Reindl, Margit (2002):
Der Knigge für die junge Generation.
Stil, Etikette, Rhetorik, Kommunikation. Tbv

Droste, Lis / Hillemacher, Monika (2003):
Im Trend: Stil und Etikette. Beltz

Nagiller, Brigitte (2001):
Knigge, Kleider und Karriere.
Sicher auftreten mit Stil und Etikette. Ueberreuter

Mende, Uta (1994):
Mann - wie sieht Du aus! Zeitgeist

Wrede-Grischkat, Rosemarie (2001):
Manieren und Karriere.
Internationale Verhaltensregeln für Führungskräfte. Gabler

Wrede-Grischkat, Rosemarie (1999):
Hohe Schule des guten Benehmens. Heyne

159

Impressum • Bildnachweis

© 2004 MEDIA KONTOR Stuttgart
Alle Rechte vorbehalten. Vervielfältigung – auch auszugsweise – nur mit schriftlicher Genehmigung des Verlags.
ISBN: 3-936685-90-8

Redaktion: büro für business bücher Sandra Klaucke, Berlin
Gestaltung und Produktion: BUCHMACHEREI Ralf Rüffle, Stuttgart
Projektmanagement: Simon Dürr, Stuttgart
Druck: Friedrich VDV, Linz

Bildnachweis: Alle Fotos der Seminar- und Tierfotografie stammen von Olaf Nagel, Ostfildern.
Alle Bilder der »Exzellenten Tagungshotels« stammen von Rudi Neuland Unternehmensberatung, Fulda (Tagungszentrum Ellernhof 49 m; Schlosshotel Eyba 47, 50 m; Gut Gremmelin 47 m; Kloster Hornbach 50 mo; Schloss Marbach 48 m; Hotel Margarethenhöhe 49; Mintrop's Burghotel 47; Hotel VierJahreszeiten 50, 50 m; Seehotel Zeulenroda 48)
Bilder der Präsentationsmedien: Neuland GmbH & Co. KG, Eichenzell (124, 126, 130)

Weitere Informationen zum H.D.I.®-Modell:
Herrmann International Deutschland GmbH & Co. KG
Oderdinger Strasse 12 • 82362 Weilheim
Telefon: (0881) 924956-0 • www.hid.de

Weitere Informationen zu Präsentationsmedien:
Neuland GmbH & Co. KG
Am Kreuzacker 7 • 36124 Eichenzell
Telefon: (066 59) 88-0 • Telefax: (066 59) 88-188
www.neuland-online.de